DIETER LAMPING

Moderne Lyrik

Eine Einführung

V&R

VANDENHOECK & RUPRECHT
IN GÖTTINGEN

Dieter Lamping

Geboren 1954, Studium der Allgemeinen Literaturwissenschaft, Germanistik und Pädagogik, Promotion 1981. Habilitation 1986. 1987–1988 Professor für Neuere deutsche Literaturgeschichte und Allgemeine Literaturwissenschaft an der Bergischen Universität Wuppertal, 1988–1990 Gastprofessor an der Universität München, seit 1990 dort Professor für Allgemeine und Vergleichende Literaturwissenschaft.

Veröffentlichungen: Der Name in der Erzählung (1983); Das lyrische Gedicht (1989). Herausgeber u. a.: Ludwig Marcuse: Wie alt kann Aktuelles sein? (1989); Peter Rühmkorf. Seine Lyrik im Urteil der Kritik (1987, zus. mit Stephan Speicher). Aufsätze zur deutschen Literatur des 18. bis 20. Jahrhunderts und zu literaturtheoretischen Fragen.

Die Deutsche Bibliothek – CIP-Einheitsaufnahme

Lamping, Dieter:
Moderne Lyrik : eine Einführung / Dieter Lamping. –
Göttingen : Vandenhoeck und Ruprecht, 1991
(Kleine Vandenhoeck-Reihe ; 1557)
ISBN 3-525-33573-3
NE : GT

Kleine Vandenhoeck-Reihe 1557

Umschlag: Hans-Dieter Ullrich
Schrift: 9/11 Punkt Times auf System 2/Linotronic 300
Satz: DIGITAL Satz und Druck GmbH, Schrobenhausen
Druck: Verlagsdruckerei E. Rieder, Schrobenhausen.

Inhalt

Für Charlotte

Vorwort

Über moderne Lyrik ist viel geschrieben worden. Doch das weitaus meiste davon stammt inzwischen von Spezialisten – und es ist für Spezialisten gedacht. Schon 1960 bemerkte Hans Magnus Enzensberger, der Begriff der Moderne sei ein »Thema für Habilitationsschriften«[1] geworden. Mit der modernen Lyrik steht es nicht anders: auch für sie sind mittlerweile Fachleute zuständig. Das ist gut so – und wäre noch besser, wenn es nicht zu einer immer größeren Zersplitterung der Forschung führte: längst beherrschen Einzeluntersuchungen das Feld. So wertvoll sie sind, lassen sie doch in der Regel einen Wunsch unerfüllt: den, neben Einzelheiten auch Zusammenhänge zu erfahren.

Dieses Bedürfnis ist nur legitim. Schließlich umspannt die Moderne in der Geschichte der Lyrik bislang schon einen Zeitraum von beinahe 150 Jahren. Eine Vielzahl von Richtungen, Gruppierungen, Autoren und Werken wurde und wird als ›modern‹ bezeichnet – nicht selten nach ganz verschiedenen Kriterien. Eine Einheit in der Vielfalt erkennen, neben Trennendem auch Verbindendes ausmachen, nicht nur Punkte, auch Linien zeichnen zu können, wird da von elementarer Bedeutung.

Von den vorliegenden Gesamtdarstellungen der modernen Lyrik wird dieses Bedürfnis nach Zusammenhängen jedoch nicht mehr unbedingt befriedigt. Selbst wenn sie große Linien gezogen haben – aus heutiger Sicht brechen sie zu früh ab. Mit der Poesie der Moderne sind auch die Arbeiten über sie gealtert. Hugo Friedrichs Standardwerk beispielsweise ist 35 Jahre alt – und schon deshalb nicht mehr uneingeschränkt nützlich. Es erfaßt die moderne Lyrik lediglich bis zur »Jahrhundertmitte«, und auch die nur einseitig, von der symbolistischen Poesie vor allem Frankreichs her.

Ein neuer Blick auf die Dichtung der Moderne scheint an der Zeit zu sein. Er kann und muß allerdings nicht vollkommen neu sein. Wer heute über moderne Lyrik schreibt, wird selbstverständlich auf Arbeiten wie denen Hugo Friedrichs oder Michael Hamburgers aufbauen. Aber er wird auch einige Akzente anders setzen und auf Aspekte aufmerksam machen, die lange Zeit kaum beachtet worden sind: die moderne Lyrik stellt sich eben von 1991 anders dar als von 1956. In einem Punkt können frühere Überblicksdarstellungen jedoch nach wie vor ein Vorbild sein: sie sind noch nicht für Spezialisten geschrieben.

Auch dieses Buch wendet sich weniger an den Fachmann, der schon alles weiß, als an den Leser und Studenten, der nur wenig weiß und etwas mehr wissen möchte. Weil es kein Forschungsbericht ist, auch keine Habilitationsschrift, sondern lediglich eine Einführung, die einen Überblick verschaffen will, setzt es nicht viel voraus: außer Neugier kaum mehr als ein noch vages, durch die Lektüre einschlägiger Gedichte gewonnenes Vorverständnis von moderner Lyrik.

Eine Überblickdarstellung verlangt allerdings eine besondere Darstellungsweise. Sie muß eine gewisse Fülle, zumindest Repräsentativität des Materials mit einer Kürze der Behandlung verbinden. Die Kürze erzwingt Konzentration: über vieles kann nur wenig gesagt, das meiste nur angedeutet, nicht ausgeführt, ja kaum erläutert werden. Kein Text, der herangezogen wird, kann erschöpfend interpretiert werden; fast immer müssen Stichworte, Hinweise und Andeutungen genügen, und das Individuelle muß zumeist hinter das Typische zurücktreten. Gegen ein solches Vorgehen lassen sich natürlich einige Bedenken vorbringen; doch sollte man nicht vergessen, daß hier nicht viel mehr beabsichtigt ist als eine erste, mitunter notgedrungen oberflächliche Orientierung auf einem schwierigen Feld, die zu gründlicher Erkundung anregen will.

Den einzelnen Kapiteln liegt im übrigen kein Schema, sondern nur ein Prinzip der Darstellung zugrunde: das der knappen Beschreibung exemplarischer Texte im Zusammenhang. Die Anmerkungen beschränken sich auf das Nötigste. Auseinandersetzungen mit der Forschung sind ihnen impliziert, werden aber kaum einmal expliziert, um das Buch nicht aufzublähen. Fremdsprachliche Gedichte werden im Original und in einer deutschen Übersetzung zitiert. Andere Äußerungen der Dichter werden, sofern es sich nicht um besonders prägnante oder ohnehin verständliche Formeln handelt, durchweg in einer Übersetzung angeführt. Nicht nachgewiesene Übertragungen stammen vom Verfasser dieses Buchs.

Als Motto böte sich ein poetologischer Aphorismus von Wallace Stevens an: »Die Theorie der Dichtung ist das Leben der Dichtung.«[2] Wenn er nur wahr wäre.

I. Moderne Lyrik: Ein Überblick

1.

Was ist moderne Lyrik? Was macht ihre Besonderheit: ihre Modernität aus? Seit wann gibt es sie? Welche Dichter sind ihr mit welchen Werken zuzurechnen? Solche elementaren Fragen stellt sich wohl jeder, der sich mit moderner Lyrik näher beschäftigt. Wenn er ihre Beantwortung von den Fachleuten erwartet, wird ihm jedoch nicht unbedingt Hilfte zuteil. Die Literaturwissenschaft hat nämlich auf jene einfachen Fragen keine – und sehr viele verschiedene Antworten gegeben.

Keine: denn fast alle Forscher haben es geradezu vermieden, den Begriff der modernen Lyrik zu definieren. »Ich will mich auf keine Definition einlassen«, schreibt schon Hugo Friedrich;[1] und Hans Magnus Enzensberger hat sogar rundheraus bestritten, daß »der Begriff der Modernität« etwas »taugt«: »nur einen Unsinnigen könnte es danach verlangen, ihn zu definieren«.[2] Sein Argument scheint schlagend zu sein: für vieles, ja zu vieles sei der Begriff im Lauf seiner Geschichte schon verwendet worden. »Seit seiner Prägung«, behauptet Enzensberger, »stiftet er Bewegung und Verwirrung«.[3] Seine Konturen scheinen längst verlaufen, er selbst ein »terminologischer Pudding« geworden zu sein (wie Enzensberger das einmal in anderem Zusammenhang genannt hat).[4]

Gerade deshalb mag es aber gar nicht so unsinnig sein, sich Klarheit darüber zu verschaffen, was ein Ausdruck wie ›moderne Lyrik‹ eigentlich meint. Nur so kann man der Gefahr entgehen, aneinander vorbeizureden, indem man zwar dasselbe Wort gebraucht, aber nicht dasselbe damit meint. Schon die beiden wichtigsten Darstellungen der modernen Lyrik: Hugo Friedrichs »Die Struktur der modernen Lyrik« und Michael Hamburgers »The Truth of Poetry« (deutsch zuerst: »Die Dialektik der modernen Lyrik«; jetzt: »Wahrheit und Poesie«) verstehen keineswegs dasselbe unter ›moderner Lyrik‹. Friedrichs Studie ist eine Untersuchung der modernen Lyrik in der Nachfolge des französischen Symbolismus und schließt fast alles aus, was nicht in diesen Zusammenhang gehört. Hamburgers Buch hingegen handelt von den Spannungen innerhalb der modernen Lyrik und bezieht auch solche Autoren, Richtungen und Probleme ein, die Hugo Friedrich ausdrücklich ausgegrenzt hatte. Wenn Michael Hamburger von moderner Lyrik spricht, meint er nicht nur mehr, sondern, zum Teil wenigstens, auch anderes als Hugo Friedrich.

Angesichts solcher Differenzen in der Begriffsverwendung empfiehlt sich vorab eine kurze terminologische Klärung: Was soll hier ›moderne Lyrik‹ heißen? Zunächst nicht mehr als: ›Lyrik der Moderne‹. ›Lyrik‹ ist dabei als Gattungsbegriff zu verstehen: als Inbegriff aller lyrischen Gedichte, im Unterschied zu epischen und dramatischen.[5] ›Moderne‹ ist demgegenüber ein Epochenbegriff:[6] die Bezeichnung für einen bestimmten Typus von Epochen zunächst – nicht der Name für eine (und nur eine) Zeit. Er bezeichnet eine Epoche, die sich wesentlich durch den Bruch mit der Vergangenheit definiert: keine Moderne ohne eine Tradition, von der sie sich absetzt. Der Begriff weist somit auf eine Diskontinuität hin, aber er schließt auch eine Kontinuität ein: eine Kontinuität nicht nur *jenseits* des Traditionsbruchs, eine Kontinuität auch *im* Traditionsbruch. Die radikale Abkehr vom Alten, die jeweilige Neuerung muß laufend weitergeführt werden. Nur so kann sie, über die bloße Punktualität hinaus, beanspruchen, eine Epoche zu konstituieren. Wo umgekehrt der Traditionsbruch nicht mehr fortgesetzt wird, gelangt die Epoche an ihr Ende. ›Moderne‹ ist deshalb auch ein dynamischer Begriff: er impliziert das Altern der Moderne und ihre mögliche Ablösung durch eine neue. All das bedeutet, daß nicht nur *eine* Moderne existiert oder existiert hat. In der Geschichte gab es deren viele – bis zurück zu den Römern (deren Moderne man zwischen dem Tod Ovids und dem des Tacitus ansetzt). Zu unterscheiden ist also immer zwischen aktueller und historischer Moderne. Wenn von ›der Moderne‹ die Rede ist, meint man in aller Regel die gerade aktuelle.

Ein Ausdruck wie ›moderne Lyrik‹ signalisiert, daß die Lyrik ihre eigene aktuelle Moderne hat. Nach allgemeiner Einschätzung reichen deren Anfänge bis weit ins 19. Jahrhundert zurück. Als ihr Nullpunkt gilt 1857: das Jahr, in dem Charles Baudelaires »Les Fleurs du Mal« in erster Auflage erschienen sind. Mit diesem Buch beginnt die moderne Lyrik. Es ist aber nur das erste in einer langen Reihe prominenter

Gedichtbände, die die Dichtung der Moderne geprägt haben. Zu ihnen gehören zum Beispiel Stéphane Mallarmés »Poésies« von 1887; Rilkes »Neue Gedichte« von 1907/08; Ezra Pounds »Personae« von 1909; Vladimir Majakovskijs »Wolke in Hosen« (»Oblako v štanach«) von 1915; Giuseppe Ungarettis »Il porto sepolto« von 1916, der in den Band »L' Allegria« von 1919 eingeht; Guillaume Apollinaires »Calligrammes« von 1918; T. S. Eliots »The Waste Land« von 1922; Federico García Lorcas »Canciones« von 1924; Bert Brechts »Svendborger Gedichte« von 1939; André Bretons »Poèmes« von 1948; Paul Celans »Die Niemandsrose« von 1963; oder Robert Lowells »Notebook« von 1970 – um nur einige zu nennen.

2.

Ein solcher Begriff von moderner Lyrik scheint die Bedenken Enzensbergers bloß bestätigen zu können. Allein die Richtungen der Lyrik seit Mitte des vorigen Jahrhunderts, die damit Anspruch auf Modernität erheben können (und es durchweg auch selbst getan haben), bilden eine ebenso stattliche wie bunte Reihe: vom Symbolismus über den Futurismus bis hin zum Surrealismus – ganz zu schweigen vom spanischen Modernismus, dem englischen Imagismus, dem deutschen Expressionismus, dem russischen Akmeismus und dem italienischen Hermetismus. Da scheint es auf die einfache Frage, was moderne Lyrik sei, nur noch die resignativ-einfache Antwort geben zu können: modern ist, was sich modern nennt – und das kann nun, wie man sieht, sehr viel sein.

Aber so einfach und so schwierig zugleich liegen die Dinge vielleicht doch nicht. Einmal angenommen: all die genannten Richtungen – und manch andere dazu – gehörten zur modernen Lyrik, so wäre das eigentlich noch kein Grund zur Resignation. Denn es hieße lediglich, daß wir es mit einem komplexen historischen Phänomen zu tun haben, dem auch ein komplexer Begriff entsprechen müßte. Auf jeden Fall wäre zunächst zu fragen, ob es nicht Gemeinsamkeiten in dem gibt, was man moderne Lyrik nennt. Es versteht sich, daß sie bloß allgemeiner, nur grundlegender und grundsätzlicher Art sein können. Wenigstens eine solche minimale, aber notwendige Gemeinsamkeit scheint durchaus zu existieren: sie liegt in der Abweichung von der traditionellen Lyrik des 18. und des frühen 19. Jahrhunderts.

Diese Lyrik ist in nahezu allen europäischen, selbst in den amerikanischen Literaturen noch stark von der Romantik geprägt und deshalb wesentlich Erlebnis- und Stimmungslyrik, wie sie sich seit dem 18. Jahrhundert entwickelt hat. Als solche ist sie realistisch: nicht nur auf eine – zumeist subjektive – Wirklichkeit bezogen, sondern in deren Darstellung auch konventionell, zumindest von der Mitte des 19. Jahrhunderts aus gesehen. Von dieser Erlebnis- und Stimmungslyrik weicht die moderne Lyrik ab, indem sie deren realistischen neuartige, zunächst betont nicht-realistische, verfremdende Darstellungsweisen entgegensetzt. Solche sprachlich verfremdende Lyrik begegnet erstmals in dem Gedichtbuch, mit dem die Moderne einsetzt: in Charles Baudelaires »Les Fleurs du Mal«.

Die traditionelle Dichtung des 18. und 19. Jahrhunderts ist aber nicht nur als Erlebnis- und Stimmungslyrik zu charakterisieren; sie ist gleichfalls – und ganz selbstverständlich – metrische Dichtung: immer nach Versmaßen (allerdings unterschiedlicher Art) geregelt, meist außerdem strophisch gegliedert und gereimt. Die modernen Lyriker setzen diesen alten Formen bald neue entgegen, denen das eine gemeinsam ist, daß sie ›frei‹ sind – frei nämlich von all den Bindungen, denen Verse, Versgruppen und Gedichte herkömmlicherweise unterworfen sind. Ihre größte ›Erfindung‹ ist der freie Vers, wie er auf breiter Linie zuerst in der französischen Lyrik der 80er Jahre des 19. Jahrhunderts erscheint.

Schon dieser kleine Überblick zeigt, daß es *die* moderne Lyrik oder *die* Struktur der modernen Lyrik nicht gibt. Es gibt stattdessen zumindest zwei verschiedene Typen moderner Lyrik: einen sprachlich und einen formal innovativen. Dementsprechend bilden sich zwei Innovationsstränge aus, die anfangs kaum miteinander verknüpft sind, auch späterhin nicht immer, wenngleich dies zunehmend die Regel wird. Jedenfalls geht die Entwicklung verfremdender Darstellungsweisen nicht *notwendig* mit der Ausbildung freier Vers- und Gedichtformen einher, oft vielmehr mit einem entschiedenen Formtraditionalismus – wie auch umgekehrt die Wahl freier Vers- und Gedichtformen häufig mit der Neigung zu einem allerdings neuartigen Realismus verbunden ist.

Insgesamt bewegt sich die moderne Lyrik in ihrer historischen Entfaltung zwischen Extremen. Gegen die traditionelle realistische Lyrik setzt sie zunächst eine Dichtung der Verfremdung – und gegen die wiederum nach einer Zeit einen neuen Realismus. Auf die gebundenen Formen traditioneller Lyrik reagiert sie mit der Ausbildung ›freier‹ Formen – und auf die wiederum nach einer Zeit mit der Rückkehr zu gebundenen Formen. Das ist ein Aspekt der ›Dialektik der modernen Lyrik‹,[7] die in gewisser Weise sogar eine Synthese gefunden hat: im Neben-, ja sogar im Ineinander der Gegensätze, wie es sich seit einiger Zeit abzeichnet.

Die moderne Lyrik hat offensichtlich unterschiedliche Phasen durchlaufen: nicht nur eine Anfangs-Phase des Bruchs mit der Tradition und eine Spät-Phase der Versöhnung der Gegensätze, sondern auch eine Phase der Etablierung ihrer eigenen Konventionen. Enzensberger hat diese Phase die ›Klassik der Moderne‹ genannt und auf die Zeit von 1910 bis 1945 datiert.[8] Es versteht sich, daß der Ausdruck moderne Lyrik in jeder dieser Phasen eine andere Bedeutung hat, zumindest eine andere Bedeutungsvariante.

Angesichts dieser typologischen und historischen Vielfalt kann ein Ausdruck wie ›moderne Lyrik‹ kein »einheitlich definierbarer Begriff« sein, keine »definitorische Abkürzung für eine eindeutig bestimmte Reihe von charakteristischen Merkmalen«. Gleichwohl bezeichnet er mehr als ein »bloßes Konglomerat von willkürlich gleich benannten Texten«;[9] denn zwischen ihnen bestehen zumindest ›Familienähnlichkeiten‹ im Sinn Wittgensteins: Ähnlichkeiten, die einander »übergreifen und kreuzen« können wie die Fasern eines Taus.[10] Solche durch Familienähnlichkeiten verbundenen Texte können einander von ihren Merkmalen her gleichen, aber auch bloß ähneln, und im Extremfall mag es sogar zwei geben, die vorderhand gar keine Eigenschaften gemeinsam haben, die miteinander nicht direkt, sondern nur indirekt, »durch eine Reihe von Zwischengliedern«,[11] verbunden sind – eine weitläufige Verwandtschaft also. Insofern der Begriff der modernen Lyrik all das einschließt, mag er vielleicht wirklich nicht ›viel‹ taugen, doch ein wenig schon – so viel wenigstens, daß er die Komplexität des Gegenstands nicht unterschlägt, sondern im Gegenteil terminologisch bewahrt.

3.

Die moderne Lyrik gilt allgemein als ein internationales Phänomen. Daß sie »wie nie zuvor die nationalen Grenzen der Dichtung aufgehoben und dem Begriff der Weltliteratur zu einer Leuchtkraft verholfen hat, an die in anderen Zeiten nicht zu denken war«,[12] hat schon Hans Magnus Enzensberger behauptet. Angesichts dieses ›Internationalismus‹ hat er sogar geglaubt, eine »Weltsprache der modernen Poesie«[13] ausmachen zu können, sich über deren »Gesetzlichkeiten«[14] aber nur sehr unbestimmt geäußert. Sicher nicht ohne Grund; denn wie man diesen Ausdruck auch wendet – er bleibt auf eine etwas vage Weise großartig. Soviel mag immerhin klar sein, daß er weder ein lyrisches Esperanto noch eine »Art von höherem UNESCO-Jargon« meint, wie Hans Egon Holthusen boshaft bemerkt hat.[15] Er ist wohl eher metaphorisch zu verstehen: als Metapher für die Gemeinsamkeiten oder ›Übereinstimmungen‹ der modernen Lyrik verschiedener Nationalliteraturen.

Diese Gemeinsamkeiten lassen sich tatsächlich kaum übersehen, wenngleich sie von unterschiedlicher Art sind. Zweifellos beruhen sie immer wieder auf »Einflüssen«, »direkten Wechselwirkungen«, ja »gegenseitigen Abhängigkeiten«[16] (von denen Enzensberger nicht viel wissen will), oft aber auch bloß auf parallelen oder analogen Entwicklungen. Exemplarisch zu fassen sind sie in den Richtungen der modernen Lyrik, die internationale Verbreitung gefunden haben. Dies sind vor allem der Symbolismus, der Futurismus und der Surrealismus.

Symbolismus im engeren Sinn meint die Dichtung einer Gruppe junger französischer Lyriker, die sich während der zweiten Hälfte der 80er Jahre des vorigen Jahrhunderts formiert hat. Zu ihr gehören besonders Jean Moréas, der 1886 das erste Manifest des »Symbolisme« veröffentlicht und der Gruppe den Namen gibt, ferner Gustave Kahn, Jules Laforgue und Henri de Régnier. Im weiteren Sinn schließt der Symbolismus aber auch die Dichtung Verlaines und Mallarmés ein, mit Einschränkungen sogar die Baudelaires.[17] So gesehen, steht der Symbolismus am Anfang der modernen Lyrik, die lange Zeit mit ihm geradezu identifiziert wird. Er hat sich jedenfalls schnell über Europa ausgebreitet. Stefan George in Deutschland, A. C. Swinburne und W. B. Yeats in England, Gabriele d' Annunzio in Italien, Émile Verhaeren in Belgien, Albert Verwey in Holland, Rubén Darío in

Nicaragua, Juan Ramón Jiménez in Spanien, Aleksandr Blok und Andrej Belyi in Rußland zeugen von der internationalen Ausbreitung des Symbolismus. Später erfährt er dann sogar noch eine Art Reprise in der ›neo-symbolistischen‹ Lyrik vor allem Paul Valérys.

Der Futurismus entsteht ab 1909 in Italien, unter der Leitung Filippo Tommaso Marinettis, der das erste Manifest dieser Richtung schreibt und zeitlebens einen gewissen Alleinvertretungsanspruch erhebt. Fast von Anfang an wirkt der Futurismus jedoch über Italien hinaus. Das Gründungsmanifest schon erscheint bezeichnenderweise im Pariser »Figaro«, und zwar auf der ersten Seite. In Frankreich verbreitet sich der Futurismus vor allem durch die Vermittlung Guilleaume Apollinaires, der 1913 sogar sein eigenes futuristisches Manifest formuliert. Im selben Jahr propagiert Marinetti die neue Bewegung in London, ohne sich aber durchsetzen zu können. Immerhin führt sein Besuch zur Ausrufung des »Vortizismus«, dem wiederum Ezra Pound das Programm schreibt. Dagegen bildet sich in Rußland schon ab 1912 eine futuristische Avantgarde, deren Manifest den bezeichnenden Titel »Eine Ohrfeige dem öffentlichen Geschmack« (»Poscëcina obscestvennomu vkusu«) trägt. Ihre bedeutendsten Vertreter werden Velimir Chlebnikov und Vladimir Majakovskij. In Berlin schließlich, das Marinetti gleichfalls missioniert, beeinflußt der Futurismus vor allem die Gruppe der Expressionisten um die Zeitschrift »Der Sturm«, besonders August Stramm. Auch in der polnischen, der tschechischen, der portugiesischen und der brasilianischen Literatur hat er Spuren hinterlassen.[18]

Der Surrealismus entsteht, wie der Symbolismus, in Frankreich und breitet sich ähnlich schnell über Europa aus. Zu seinen Hauptakteuren gehören Louis Aragon, Paul Eluard (der wohl begabteste *Lyriker* der Gruppe), Jacques Prévert und Philippe Soupault. Der »eigentliche Erfinder«[19] des Surrealismus aber ist André Breton. Als Chef-Theoretiker wacht er ungefähr zwei Jahrzehnte lang streng über die Einhaltung der – in immer neuen Manifesten umformulierten – Grundsätze, bis er endlich, nach zahllosen Austritten und Ausschlüssen, den ›offiziellen‹ Surrealismus mehr oder weniger als einen Ein-Mann-Betrieb führt. Vorher aber hat der Surrealismus längst Weltgeltung erlangt und eine internationale Anhängerschaft gewonnen, zu der, wenigstens zeitweise, etwa der Italiener Francis Picabia, der Elsässer Hans (Jean) Arp, die Spanier Rafael Alberti, Federico García Lorca und Vicente Aleixandre, der Tscheche Vitežlav Nezval, der Mexikaner Octavio Paz, die Amerikaner Man Ray und Philip Lamantia und der Engländer David Gascoigne zählen.[20]

Außer dem Symbolismus, dem Futurismus und dem Surrealismus – und zum Teil gleichzeitig mit ihnen – hat es einige Richtungen der modernen Lyrik gegeben, die über ihr Ursprungsland hinaus gewirkt haben, so etwa der englische Imagismus und mehr noch die Konkrete Poesie. Sie alle haben, zumindest bis zur Mitte des 20. Jahrhunderts, der modernen Lyrik immer wieder eine gewisse Einheitlichkeit gegeben und sie zu einem internationalen Phänomen gemacht. Von Frankreich aus hat sie sich, wenn nicht über die ganze, so doch sicher über die halbe Welt ausgebreitet – nicht nur bis nach Amerika, sondern auch bis nach Afrika, ja bis nach China. So hat etwa der Surrealismus, mit seinem exotisch-ethnologischen Interesse, das zumal Francis Picabia und Blaise Cendrars gepflegt haben, eine afrikanische Lyrik in französischer Sprache gefördert, deren bekannteste Vertreter Léopold Senghor und Aimé Césaire geworden sind. Auch was man in China als »neue Lyrik« (xin shi) bezeichnet, ist vielfach durch die moderne europäische Lyrik seit dem Symbolismus angeregt worden – bis hin zur Übernahme einer nicht eben typisch asiatischen (und dann von den Kommunisten auch als dekadent verdammten) Form wie dem Sonett. Hu Shi, der meist als der ›Vater‹ der neuen chinesischen Lyrik apostrophiert wird, ist unverkennbar von Ezra Pound beeinflußt; Guo Moruo, der vielleicht bedeutendste Übersetzer unter den chinesischen Dichtern unseres Jahrhunderts, ebenso von Whitman wie von den deutschen Expressionisten; Feng Zhi, der Meister des chinesischen Sonetts, von Rilke; Dai Wangshu schließlich, einer der kühnsten jüngeren Lyriker, besonders von den Surrealisten.[21]

Das sind, grob skizziert, nur einige Gemeinsamkeiten, die sich im Großen leicht feststellen lassen. Dabei sind die feineren Ähnlichkeiten ganz außer acht geblieben, die sich sozusagen mikroskopisch an den Texten aufweisen und über große Zeiträume, ja oft durch die ganze Epoche hindurch verfolgen lassen. Nur ein Beispiel dafür ist die häufige Verwendung des Schwanen-Motivs in der modernen Lyrik. Seit Platons »Phaidon« (84e/85) galt der Schwan, seiner schönen Gestalt und seines zauberhaften Gesangs wegen, als Reinkarnation des Orpheus und als Symboltier der Dichter. In seinem großen Gedicht »Le Cygne« hat Baudelaire den Schwan für die moderne Lyrik neu entdeckt – nicht zuletzt durch eine Veränderung des Motivs, die sich weit von der Überlieferung entfernt hat. In einem grotesken, ja häßlichen Bild wird der Schwan in seinem Gedicht zum Symbol aller Leiden des Exils – nicht nur der von Dichtern.[22] Diese Umarbeitung des alten Motivs hat zahlreiche Lyriker angeregt zu in der Sache teils ähnlichen, teils ganz anderen, aber in der Methode ähnlich kühnen Schwanen-Gedichten. Die prominentesten dürften Mallarmés »Le vierge, le vivace et le bel aujourd'hui«, Rilkes »Der Schwan«, Rubén Daríos »Leda«, W. B. Yeats' »Leda and the Swan«, Marianne Moores »No Swan so Fine« und Robert Lowells »Le Cygne« sein.[23]

4.

Die Reihe solcher Gemeinsamkeiten und Ähnlichkeiten innerhalb der modernen Lyrik, die sich mühelos noch fortsetzen ließe, verlangt nach einer Erklärung. Woher rühren sie – abgesehen von den Gründen, die schon Goethe für die Entstehung von Weltliteratur namhaft machte (wie das allgemeine »Zusammenwirken der Nationen« oder die durch die moderne Technik »erleichterte Kommunikation«)?[24] Im wesentlichen lassen sich besonders drei Gründe anführen.

Einige moderne Lyriker von Rang haben sich, über räumliche und zeitliche Grenzen hinweg, als große Orientierungsfiguren erwiesen. Das gilt vor allem für Baudelaire. Mit den »Fleurs du Mal« hat er zwar nur einen Band Gedichte publiziert, doch dieses eine Buch hat ihn zu *dem* modernen Lyriker überhaupt gemacht. »Baudelaire«, schreibt T. S. Eliot, »ist in der Tat das größte Beispiel *moderner* Dichtung in irgendeiner Sprache, denn sein Vers und seine Sprache bedeuten die größte Annäherung an eine vollständige Erneuerung, die wir erlebt haben«.[25] Nicht weniger bedeutsam ist er nach Eliot in seiner »Haltung zum Leben« geworden: »als ein Mahner an die Pflicht, die heilige Aufgabe, der Aufrichtigkeit«.[26] Dabei war Baudelaire, wie Eliot unumwunden zugesteht, »insbesondere in allen Fragen des privaten Lebens [...] durch und durch querköpfig und unerträglich«.[27] Unter den modernen Lyrikern hat es einige solcher »Leuchtfeuer« wie Baudelaire gegeben: Rilke etwa, auch T. S. Eliot oder Federico García Lorca. Sie alle haben andere, jüngere Lyriker nachhaltig beeinflußt.

Neben solchen wirkungsmächtigen Individuen hat die moderne Lyrik auch einige bedeutsame Gruppen hervorgebracht, in denen sich

Dichter unterschiedlicher nationaler Herkunft zusammenfanden. Schon der erste dieser Zirkel ist berühmt geworden. In den 80er und 90er Jahren des vorigen Jahrhunderts versammelte Mallarmé jeden Dienstagabend einen Kreis von Poeten um sich; zu ihm hatten u. a. Paul Verlaine, W. B. Yeats, A. C. Swinburne, Gabriele d' Annunzio, Paul Valéry, Rubén Darío, Émile Verhaeren, Stefan George und T. S. Eliot Zutritt. Dieser Zirkel hatte wesentlichen Anteil an der Verbreitung des Symbolismus über die Grenzen Frankreichs hinaus. Er hat später Nachfolger im Kreis der Futuristen um Marinetti, im Kreis der Imagisten um Pound und im Kreis der Surrealisten um Breton und Aragon gefunden.

Schließlich gibt es noch einen dritten Grund für die vielen Gemeinsamkeiten innerhalb der modernen Lyrik. Moderne Lyrik ist von Anfang an oft übersetzt worden – nicht zuletzt von modernen Lyrikern. Einige von ihnen haben sich geradezu einen legendären Ruf als Übersetzer geschaffen – Mallarmé etwa oder Pound oder Pasternak. Tatsächlich haben wohl die modernen Lyriker selbst am meisten für die Vermittlung und Verbreitung der modernen Lyrik getan. Aus der deutschen Literatur wären hier besonders Stefan George, Paul Celan und Hans Magnus Enzensberger zu nennen. George hat beispielsweise Baudelaire, Rimbaud, Mallarmé, Verlaine, d'Annunzio, Swinburne und Verhaeren übersetzt; Celan etwa Rimbaud, Yeats, Blok, Mandelstam, Jessenin, Valéry, Supervielle, Ungaretti, Andre Du Bouchet, David Rokeah und Robert Frost; Enzensberger unter anderem César Vallejo, Pablo Neruda, Paul van Ostaijen, W. C. Williams, Franco Fortini, Nicanor Parra, Karl Vennberg und Lars Gustafsson. Die Übersetzer-Tätigkeit hat im lyrischen Werk all dieser Autoren Spuren hinterlassen. Die sichtbarsten sind die Gedichte, die diese Dichter über die von ihnen übersetzten Dichter geschrieben haben, von Mallarmés »Le tombeau d'Edgar Poe« über Franco Fortinis »Traduccendo Brecht« bis zu Enzensbergers Versen »Zum Andenken an William Carlos Williams«.

5.

Die weite Verbreitung, die zahlreichen Gemeinsamkeiten, der besondere Internationalismus weisen die moderne Lyrik in den Zuständigkeitsbereich der Komparatistik. Die wichtigsten Bücher, die über sie geschrieben worden sind wie die Hugo Friedrichs und Michael Hamburgers, sind daher auch komparatistisch angelegt. Michael Hamburger hat diese Anlage ausdrücklich gerechtfertigt – mit dem Hinweis darauf, daß während unserers Jahrhunderts zumindest in Europa »Literaturen mit geschlossenen Grenzen Ausnahmeerscheinungen waren«. Er hat allerdings auch betont, daß eine Darstellung der modernen Lyrik »ebensoviel über die tatsächlichen und notwendigen Unterschiede zwischen einer Kulturtradition und einer anderen zu sagen (hat, D. L.) wie über das Ineinanderfließen und Parallellaufen von nationalen Literaturentwicklungen«.[28]

Tatsächlich kann man sogar noch einen Schritt weitergehen und daran zweifeln, ob sich die Geschichte der modernen Lyrik insgesamt sinnvoll komparatistisch schreiben läßt. Die Ungleichzeitigkeiten im Gleichzeitigen springen zu sehr ins Auge; und die Differenzen sind mitunter beträchtlich. Das beginnt schon mit den unterschiedlichen Anfängen der moderen Lyrik in den einzelnen Literaturen. In Frankreich setzt die Moderne bereits in den 50er Jahren des 19. Jahrhunderts ein, in der deutschen Lyrik erst in den 90er Jahren, in der spanischen, russischen, italienischen und englischen Lyrik kaum vor 1900. So verschieden wie die Anfänge sind auch die Verläufe der einzelnen Modernen. In England etwa zeigt die neue Lyrik schon während der 30er Jahre erste Anzeichen von Erschöpfung; in Deutschland und in Spanien, in gewisser Weise auch in Italien erlebt sie dagegen noch nach dem 2. Weltkrieg eine Renaissance.

Doch nicht nur solche unterschiedlichen Verhältnisse, die den (für einen Komparatisten) schönen Gedanken an eine Synchronität der Entwicklungen nicht recht aufkommen lassen, fallen ins Gewicht. Wie es manchen Austausch zwischen verschiedenen Literaturen gibt, so kann man auch manche Beziehungslosigkeit beobachten. Für die moderne deutsche Lyrik beispielsweise ist die englische lange Zeit ohne besondere Bedeutung – umgekehrt ist es kaum anders. Ebenso spielt die moderne italienische Dichtung nach dem Futurismus für die deutsche in den 40er und 50er Jahren keine große Rolle mehr – und umgekehrt ist es auch in diesem Fall kaum anders.

Schließlich ist nicht zu übersehen, daß sich in manchen Literaturen die moderne Lyrik nach immanenten, ›nationalen‹ Gesetzen entwikkelt. Die jungen englischen Lyriker etwa, die in den 30er Jahren auftreten, allen voran W. H. Auden, wenden sich in ihren – ungleich traditionelleren – Gedichten vor allem gegen die klassisch-moderne

Lyrik Englands, also die Eliots und Pounds. Ähnlich knüpfen, nach einer Phase des Internationalismus, führende spanische Lyriker der 20er und 30er Jahre wieder an die Volkslied-Tradition ihres Landes an, unter ihnen auch Federico García Lorca.

Der Internationalismus der modernen Lyrik kann die verschiedenen ›Nationalismen‹ nicht verdrängen, schon gar nicht auslöschen. ›Internationalismus‹ und ›Nationalismus‹ bestehen vielmehr, mit wechselnden Anteilen, nebeneinander; auch das ist ein Aspekt der ›Dialektik der modernen Lyrik‹. Die Orientierung an nationalen Größen und die Rückwendung zu einheimischen Traditionen ist vor allem während der 30er Jahre oft politisch erzwungen: die faschistischen Regierungen Deutschlands und Italiens, auch das Franco-Regime in Spanien fördern nicht eben internationale oder gar internationalistische moderne Lyrik – wenn sie sie nicht einfach verbieten. In England ist das so allerdings nicht der Fall, ebensowenig wie in den skandinavischen Ländern, die sich der modernen Lyrik Mitteleuropas eher zögerlich und vorsichtig öffnen.

Der Internationalismus der modernen Lyrik ist also keineswegs unbegrenzt. Damit sind aber auch einer komparatistischen Darstellung Schranken gesetzt. Sie kann die nationalen Differenzen kaum nachzeichnen, ohne sich in Einzelheiten zu verlieren. Ihr bleibt nur die Orientierung an dem, was tatsächlich übernational an der modernen Lyrik ist: eine Art Überblick. Das ist immer noch genug – wenngleich es für eine detaillierte Beschreibung der modernen Dichtung nicht reichen dürfte. Insgesamt scheinen sich die größten methodischen Schwierigkeiten bei einer komparatistischen Darstellung der modernen Lyrik in ihrer historischen Entfaltung zu stellen: die Chronologie garantiert hier keine sinnvolle Ordnung. Demgegenüber bietet sich ein mehr typologisches und systematisches Verfahren eher an, und zwar aus sachlichen ebenso wie aus methodischen Gründen.

Die Gemeinsamkeiten der modernen Lyrik der verschiedenen Literaturen mögen jeweils unterschiedlich stark ausgeprägt sein. Eine Gemeinsamkeit aber scheint immer vorhanden zu sein: wo es moderne Lyrik gibt, ist sie auch durch die beiden Linien einer sprachlichen und einer formalen Erneuerung gekennzeichnet. Das ist in der französischen wie in der deutschen, in der englischen wie in der russischen, in der spanischen wie in der italienischen, in der lateinamerikanischen wie in der chinesischen Literatur zu beobachten. Diese beiden Innovationsstränge als die grundlegenden Gemeinsamkeiten der modernen Lyrik zu beschreiben, ist das eine Ziel dieses Buchs. Das andere ist es, zwei weitere Probleme zu erörtern, die sich fast ebenso häufig stellen: das Verhältnis der modernen Lyrik zu den beiden Künsten, die ihr am nächsten stehen: der Musik und der bildenden Kunst, zumal der Malerei, und ihr Verhältnis zur Politik.

Diese Probleme lassen sich zunächst nach systematischen Gesichtspunkten behandeln; eine historische Differenzierung ist dabei jedoch in fast jedem Fall nicht nur möglich, sondern auch nötig, um Varianten angemessen zu berücksichtigen. Schon in dieser Ergänzung von systematischer und historischer Methode versucht die folgende Darstellung der modernen Lyrik eine Synthese. Sie verbindet darüber hinaus in der Sache auch literaturimmanente Aspekte, wie sie in die Beschreibung einer neuen Sprache und neuer Formen der Lyrik eingehen, mit literaturexternen Gesichtspunkten, die die Erörterung des Verhältnisses der modernen Lyrik zu anderen Künsten und zur Politik leiten. Einer knappen Überblicksdarstellung wie dieser bleibt gar nichts anderes übrig als ein solcher Pluralismus, wenn sie ihrem Gegenstand in seiner Komplexität auch nur annähernd gerecht werden will.

II. Eine neue lyrische Sprache

Verfremdung und Realismus in der modernen Lyrik

1.

Was das Moderne an der modernen Lyrik ausmacht, ist in ihren Anfängen nicht schwer zu sagen: es ist die Entwicklung einer »neuen Sprache«[1] der Poesie. Darin eine epochale Leistung zu sehen, bedeutet allerdings, der poetischen Art des Sprechens mehr Gewicht beizumessen als dem Besprochenen. Für frühere Dichtung wäre das nicht selbstverständlich, und auf den ersten Blick ist es das vielleicht selbst für moderne Gedichte nicht. Denn schon Baudelaire ist auch ein Beispiel dafür, daß ein moderner Lyriker sehr wohl bestimmte Themen haben kann, die ihn mitunter mehr beschäftigen als alles andere. Mit Mallarmé jedoch, der sich thematisch auf »gewichtslose und wenige Dinge«[2] beschränkt, wird in der modernen Lyrik eine »Stildominanz«[3] programmatisch und bleibt es für lange Zeit. Sie führt zunächst zu einer stark poetologischen, sich selber reflektierenden und oft ästhetizistischen Dichtung, die sich ihre Gegenstände im Bezirk des Schönen und zumal des Kunst-Schönen sucht. Ihre extreme Ausprägung findet sie in einer abstrakten Lyrik, die sich den Objekten der realen Welt verweigert und stattdessen nur noch Sprache bedenkt – wenn sie nicht gar dem Ideal reiner ›Wortmusik‹ zustrebt.

Für die Charakterisierung der neuen Sprache moderner Lyrik ist häufig der Begriff der Verfremdung bemüht worden. Allerdings ist er so vieldeutig, daß er zumindest der Eingrenzung bedarf. Eingang in die literaturwissenschaftliche Diskussion hat er vor allem über zwei unterschiedliche, wenngleich voneinander nicht ganz unabhängige Auslegungen gefunden: die formalistische Viktor Šklovskijs und die marxistische Bert Brechts.[4] Beide sind jedoch nicht recht geeignet, die moderne Lyrik in ihrer Eigenart zu beschreiben: die formalistische nicht, weil sie zu weit, die marxistische nicht, weil sie zu eng gefaßt ist. Wenn von Verfremdung in moderner Lyrik die Rede ist, dann kann zunächst nur die innerliterarische Innovation gemeint sein, die in der Abkehr von den Konventionen realistischer Darstellung liegt, durch die die traditionelle (und die klassische) Dichtung des 18. und 19. Jahrhunderts gekennzeichnet ist. Verfremdung, so verstanden, ist ein Sammelbegriff für alle nicht- und sogar alle anti-realistischen Verfahren, die jeweils die Funktion des Fremd-Machens üblich gewordener Darstellungs- und, über diese hinaus, auch Wahrnehmungsweisen erfüllen. Dies müssen keineswegs immer neuartige Verfahren sein; oft werden vielmehr alte Techniken bloß auf neue Weise eingesetzt. Das Repertoire verfremdender Darstellungsmittel in der modernen Lyrik reicht vom Symbol über den Vergleich und die Metapher bis hin zur Montage und zum Sprachspiel.

2.

Die Erneuerung lyrischer Sprache beginnt mit Baudelaires »Les Fleurs du Mal« (»Die Blumen des Bösen«), die 1857 in erster, 1861 in zweiter und 1868 in dritter Auflage erscheinen. Zu den bekanntesten Gedichten des Bandes gehört »L'Albatros«, das nicht nur ein poetologisches, sondern auch ein symbolisches Gedicht ist – und eines von großer bildlicher Eindringlichkeit dazu. In seiner endgültigen Gestalt ist es 1859 fertiggestellt worden; frühere Fassungen aber reichen bis in die 40er Jahre zurück. Zumindest in einer Hinsicht ist es auch ein Gedicht ganz im Sinn der Symbolisten: das *Symbol* ist sein zentrales Organisationsprinzip.

L' albatros

Souvent, pour s'amuser, les hommes d'équipage
Prennent des albatros, vastes oiseaux des mers,
Qui suivent, indolents compagnons de voyage,
Le navire glissant sur les gouffres amers.

A peine les ont-ils déposés sur les planches,
Que ces rois de l'azur, maladroits et honteux,
Laissent piteusement leurs grandes ailes blanches
Comme des avirons traîner à côté d'eux.

Ce voyageur ailé, comme il est gauche et veule!
Lui, naguère si beau, qu'il est comique et laid!
L'un agace son bec avec un brûle-gueule,
L'autre mime, en boitant, l'infirme qui volait!

Le Poëte est semblable au prince des nuées
Qui hante la tempête et se rit de l'archer;
Exilé sur le sol au milieu des huées,
Ses ailes de géant l'empêchent de marcher.

Der Albatros

Oft zum Zeitvertreib fangen die Seeleute sich Albatrosse ein, jene mächtigen Meervögel, die als lässige Reisegefährten dem Schiffe folgen, wie es auf bitteren Abgründen seine Bahn zieht.

Kaum haben sie die Vögel auf die Planken gesetzt, so lassen diese Könige der Bläue unbeholfen und verlegen ihre großen weißen Flügel wie Ruder kläglich neben sich am Boden schleifen!

Dieser geflügelte Reisende, wie ist er linkisch und schlaff! Er, unlängst noch so schön, wie ist er lächerlich und häßlich! Der eine neckt seinen Schnabel mit einer Stummelpfeife, der andere ahmt hinkend den Krüppel nach, wie er zu fliegen versuchte!

Der Dichter gleicht dem Fürsten der Wolken, der mit dem Sturm Gemeinschaft hat und des Bogenschützen spottet; auf den Boden verbannt, von Hohngeschrei umgeben, hindern die Riesenflügel seinen Gang.[5]

Der Albatros als Symbol des Dichters: das ergibt, schon vom Motiv her, ein ungewöhnliches, ein verfremdendes Gleichnis. Das Symboltier der Poeten ist sonst eher der Schwan – auch für Baudelaire, wie sein großes Gedicht »Le Cygne« belegt. Gerade deshalb aber vermag das Motiv des Albatros, das an Baudelaires Vorliebe für Exotisches erinnert, die »Empfindung des Neuen« (»sensation du neuf«) zu schaffen, der Baudelaire große Bedeutung beigemessen hat,[6] zumal es ebenso ausführlich wie anschaulich ausgebreitet wird.

Das Gedicht beginnt mit dem symbolischen Bild, dessen Entfaltung drei von vier Strophen einnimmt. Die Szenerie, die sich vor dem Leser auftut, ist befremdlich, ja grotesk: mächtige Meeresvögel, die, zum Zeitvertreib der Besatzungen, auf Schiffen gefangen gehalten werden. Die Vögel bieten dabei ein Bild des Jammers: ihre großen Flügel schleifen über die Planken, von den Matrosen werden sie mit Pfeifen geneckt und in ihrem hinkenden Gang nachgeahmt. Die *»lässigen*

Reisegefährten« (»indolents compagnons de voyage«), die *»Könige der Bläue«* (»ces rois de l'azur«), die *›Fürsten der Wolken‹* (»prince(s) des nuées«) – auf einmal sind sie nur noch Objekte der Belustigung, ja der Herabsetzung. Aus dem *»geflügelten Reisenden«* (»Ce voyageur ailé«) ist ein *»Krüppel«* («l'infirme«) geworden. Die Attribute, die der Dichter den gefangenen Vögeln verleiht, sind eindeutig: *»unbeholfen und verlegen«* (»maladroits et honteux«), *»kläglich«* (»piteusement«), *»linkisch und schlaff«* (»gauche et veule«), *»lächerlich und häßlich«* (»comique et laid«).

Die Szene lebt unübersehbar von Kontrasten. Zunächst vom Kontrast zwischen den edlen Tieren und dem gemeinen Schiffsvolk, das sie verspottet und herabsetzt. Dann auch vom Kontrast zwischen der Würde der Tiere in Freiheit und ihrer Lächerlichkeit in Gefangenschaft. Größe und Gemeinheit, Schönheit und Häßlichkeit, Erhabenheit und Hilflosigkeit werden scharf gegeneinander gesetzt. Bis in die semantische Feinstruktur einzelner Zeilen hinein lassen sich die Kontraste verfolgen, etwa als Gegensatz von »ces rois de l'azur« und »maladroits et honteux« in der sechsten Zeile oder, fast noch deutlicher, als Gegensatz von »beau« und »comique et laid« in der zehnten Zeile:

> Lui, naguère si beau, qu'il est comique et laid!
>
> *Er, unlängst noch so schön, wie ist er lächerlich und häßlich!*

Bezeichnenderweise sind es dreimal Adjektiv-Paare, die Baudelaire zur Beschreibung der gefangenen Vögel heranzieht; sie verstärken den kläglichen Eindruck, den die Tiere machen.

Schon die menschlichen Attribute, die Baudelaire verwendet, lassen ahnen, daß der Albatros nicht für sich steht. Daß er Symbol des Dichters ist, ergibt die Deutung des Bilds in der vierten Strophe, mit der das Gedicht abschließt. Das Schicksal des Dichters ist danach die Spannung zwischen Größe im Geistigen und Hilflosigkeit, ja Lächerlichkeit im Leben. Es ist, so wird dem Leser am Ende bedeutet, sogar seine Größe, die ihn im Leben behindert – wie die Schwingen den Albatros beim Gehen auf dem Schiffsboden. Das Bild des Dichters, das Baudelaire hier entwirft, wird den Symbolisten vertraut bleiben: der Poet als großer Außenseiter, der jedoch von seinen Mitmenschen verlacht wird, ein heroischer, aber aus der Sicht der anderen auch seltsamer Einzelgänger.

Das Stichwort ist »exilé«: der Dichter als Verbannter. Verbannung ist hier aber weniger politisch gemeint, wie z. B. in »Le Cygne«, als vielmehr existentiell: der Dichter ist sozusagen ins Leben verbannt. Der Gegensatz von Kunst und Leben, von Ideal und Wirklichkeit, der Baudelaire viel beschäftigt hat, klingt hier an. Auch er wird ein Grundmotiv der symbolistischen Lyrik werden, dabei aber oft, wie bei George, eine ästhetizistische Interpretation erfahren.

»L'Albatros« ist bis ins kleinste ein Gedicht der »Dissonanzen«, die nach Hugo Friedrich die Struktur der modernen Lyrik prägen.[7] ›Dissonant‹ ist es nicht nur in der Darstellung von Gegensätzen. ›Dissonant‹ ist auch das Verhältnis von Dargestelltem und Darstellung. Das Bild der Häßlichkeit, das die Vögel in Gefangenschaft bieten, steht in einer Spannung zu der Schönheit der Darstellung: zur regelmäßigen Form, zum klaren Bau und zum eleganten Stil des Gedichts, wie er sich etwa in den syntaktischen Parallelismen der dritten Strophe zeigt. Eben dieser Kontrast von Stoff und Form gehört wesentlich zu der »Ästhetik des Häßlichen«, die Baudelaire in die moderne Lyrik eingeführt hat.[8]

Mag die äußere Trennung von Bild und Bedeutung auch eher traditionell anmuten, so ist das Gedicht doch insgesamt durchaus unkonventionell, nicht zuletzt in der grotesken Häßlichkeit des Bildes. Die Tradition der Erlebnislyrik hat es ebenso verlassen wie die der Stimmungslyrik. Es bezieht sich weder auf ein Erlebnis noch auf eine Stimmung, und es ist unpersönlich bis hin zum Verzicht auf die Ich-Form. In seiner rationalen Durchformtheit appelliert es mehr an den Intellekt als an Gefühle.

»L'Albatros« ist in all dem ein modernes symbolisches Gedicht und in mancher Hinsicht ist es auch ein *symbolistisches* Gedicht. Die Kühnheit späterer symbolistischer Lyrik erreicht es allerdings kaum, wie Paul Hoffmann betont hat, insbesondere was die »Identifikation« des »äußeren Gleichnisses und der inneren Erfahrung« betrifft und die damit verbundene Tendenz zur »Subjektivierung des Symbols«, die bis zur bloßen Präsentation eines »objective correlative« als eines Bildes unausgedeuteter »symbolischer Signifikanz«[9] geht. Diese Entwicklung führt über Mallarmé und Yeats zu T. S. Eliot, beginnt aber schon bei Baudelaire: in Gedichten wie »Correspondances«. Darin, wie in manch anderem, erweist sich »Les Fleurs du Mal«, als *der* moderne Gedichtband.

3.

Das Symbol ist das wichtigste Mittel der Verfremdung bei den Dichtern, die man dem Symbolismus zurechnet. Auch Rilke, der ein aufmerksamer Leser Baudelaires[10] und Übersetzer Valérys war, ist oft als Symbolist bezeichnet worden.[11] Man kann gegen diese Zuordnung einiges einwenden (und hat es auch häufig getan) – nicht zuletzt, daß in seinen Gedichten ein ganz anderes poetisches Mittel dominiert: der *Vergleich* in allen seinen Varianten.[12] Stilbildend ist er im gesamten lyrischen Werk Rilkes; seine ästhetisch gültige und poetisch neuartige, eben moderne Ausprägung erhält er aber erst, nach dem haltlos epigonalen Frühwerk, in den »Neuen Gedichten«, zwei Gedichtbänden, die, 1907 und 1908 erschienen, Rilkes Ruhm begründet haben (ähnlich wie die »Buddenbrooks« den Thomas Manns).

Die »Neuen Gedichte« gelten bis heute als ein Hauptwerk nicht nur der modernen deutschen Lyrik und werden gemeinhin der Dingdichtung zugerechnet, die allerdings bei Rilke eine neue, philosophische Fundierung erfahren hat.[13] Im ersten Band findet sich das Sonett »Blaue Hortensie«, an dem sich exemplarisch zeigen läßt, wie Rilke Vergleiche zur Verfremdung benutzt:

Blaue Hortensie

So wie das letzte Grün in Farbentiegeln
sind diese Blätter, trocken, stumpf und rauh,
hinter den Blütendolden, die ein Blau
nicht auf sich tragen, nur von ferne spiegeln.

Sie spiegeln es verweint und ungenau,
als wollten sie es wiederum verlieren,
und wie in alten blauen Briefpapieren
ist Gelb in ihnen, Violett und Grau;

Verwaschnes wie an einer Kinderschürze,
Nichtmehrgetragnes, dem nichts mehr geschieht:
wie fühlt man eines Lebens Kürze.

Doch plötzlich scheint das Blau sich zu verneuen
in einer von den Dolden, und man sieht
ein rührend Blaues sich vor Grünem freuen.[14]

»Blaue Hortensie« wird gern zu den Blumen-Gedichten Rilkes gezählt, deren bekannteste seine Rosen-Gedichte sind; doch ist es ebensosehr ein Farben- wie ein Blumen-Gedicht. Denn es spricht vor allem von einer Farbe, dem Blau; allerdings nicht von dem Blau an sich, auch nicht von einem beliebigen, sondern einem bestimmten Blau: dem Blau einer Hortensie. Dabei wird jedoch diese Farbe nicht nach der Art traditioneller Lyrik zum Gegenstand und Inhalt eines Erlebnisses. Weder wird eine konkrete Situation geschildert, noch ist ein konkretes Ich greifbar; wohl ist zumindest an einer Stelle ausdrücklich von Gefühlen die Rede (Vers 11: »wie fühlt man eines Lebens Kürze«), doch eher allgemein und unpersönlich. Das Gedicht wirkt im Ganzen weniger spontan als gedanklich und sprachlich konstruiert, ja durchorganisiert. An diesem Eindruck haben die zahlreichen Vergleiche wesentlichen Anteil: in den 14 Zeilen des Sonetts findet sich ein gutes halbes Dutzend, teils in der ausführlichen Wie- oder So-Wie-Form (Vers 1, 7, 9), teils in der Als-Form (Vers 6), teils schließlich in verkürzter Form (Vers 5). Schon von den Sachbereichen her sind es ungewöhnliche Vergleiche, in denen Künstliches und Natürliches (Vers 1 und 2), Pflanzliches und Dingliches (Vers 7), ja sogar Pflanzliches und Menschliches oder genauer: Seelisches (Vers 5 und 14) in eine Beziehung zueinander gebracht werden.

Wie eine Klammer umgreift das Gedicht der Vergleich der blauen Blütendolden mit den grünen Blütenblättern. Die Struktur dieses Vergleichs ist zumal im ersten Quartett etwas kompliziert. Denn das Blau der Dolden wird nicht einfach bloß mit dem Grün der Blätter verglichen; gleich zu Beginn, in der ersten Zeile, wird erst einmal das Grün der Blätter mit dem »letzte(n) Grün in Farbentiegeln« verglichen, wodurch die Farbe gewissermaßen analytisch isoliert und vom Gegenstand abgelöst betrachtet wird. Eben diese Ent-Gegenständlichung der Farbe setzt sich in der Beschreibung des Blaus fort, wenn es heißt, daß die Blütendolden es »nicht auf sich tragen, nur von ferne spiegeln« (Vers 4).

Es folgt dann, im zweiten Quartett und im ersten Terzett, eine Reihe weiterer Vergleiche des Hortensien-Blaus mit dem Blau anderer Gegenstände: mit dem alten Briefpapiers oder dem verwaschener Kinderschürzen (Vers 7 und 9). Diese Vergleiche sollen offenbar bestimmte sinnliche Eigenschaften des Hortensien-Blaus veranschaulichen: seine Farbmischung, seine (zarte) Blässe. Das läßt sich in der gleichen Weise von den Vergleichen mit Menschlichem, vor allem

Seelischem schon nicht mehr sagen. In ihnen heißt es etwa von dem Blau, daß es an die Vergänglichkeit (vielleicht eines Kinderlebens) gemahnt (Vers 11: »wie fühlt man eines Lebens Kürze«), oder von den Blütendolden, daß sie das Blau nur »verweint und ungenau« »von ferne spiegeln«. Wenn dann am Schluß des Gedichts, im zweiten Terzett, das Blau sich sozusagen farblich und seelisch erneuert zeigt, als könnte es sich wie ein Mensch im neuerlichen Leuchten freuen (Vers 13/14: »und man sieht/ ein rührend Blaues sich vor Grünem freuen.«) – dann muß angesichts solcher anthropomorphisierender Metaphern die Frage aufkommen, ob hier nicht ganz traditionell Dingliches oder besser: Sinnliches für Menschlich-Seelisches symbolisch einsteht.

Einiges spricht dagegen. Auch dieses Gedicht lebt von Rilkes – zumal in seinem Rodin-Vortrag[15] bezeugter – Liebe zur Oberfläche, die gar nicht ›oberflächlich‹ ist, insofern sie ›Inneres‹ zum Ausdruck bringt.[16] Und es lebt von Rilkes Liebe zu Pflanzen, die er als beseelt gedacht hat. Für ihn hat vor allem die Farbe der Pflanzen Ausdruckswert; aber sie verweist nicht wie ein Symbol auf *menschliche* Empfindungen. Die Beispiele aus dem menschlichen Leben: das Briefpapier, die Kinderschürze, veranschaulichen nur, was der Dichter in der Farbe der Blume sieht: Seelisches, das der Pflanze eigen ist. Die Farbe steht also nicht mehr für ›fremde‹ Trauer oder Freude. Die Beispiele aus dem menschlichen Leben sind weniger Verweisungs- als »Vergleichsobjekt«[17]: wie ein Kleidungsstück etwas von dem Menschen auszudrücken vermag, der es trägt, vermag auch die Farbe einer Pflanze Seelisches durchscheinen zu lassen.

In den Vergleichen Rilkes liegt offenkundig eine Verfremdung, und zwar gleichermaßen darin, was er und wie er vergleicht. Immer fördert er dabei überraschende, zuvor nicht gesehene Ähnlichkeiten zwischen der Menschen- und der (im weitesten Sinn verstandenen) Dingwelt zutage. Hinter dem lyrischen Stil Rilkes verbirgt sich allerdings eine Weltanschauung, die in den »Neuen Gedichten« – noch – eine tatsächlich geschaute: durch das Sehen, durch die poetische ›Wesensschau‹ erfahrene ist.[18] Die Verfremdung ist nämlich für ihn ein, ja *das* Mittel, gerade Fremdheit aufzuheben – eben die Fremdheit zwischen Mensch und Ding. Die Eigenart des ›Dings‹ im Unterschied zum bloßen ›Gegenstand‹ macht es für Rilke aus, daß es, wie es in »Der Ball« exemplarisch heißt, fähig ist, »in uns einzugleiten«[19], oder, wie es in den »Duineser Elegien« steht: »innig« zu werden.[20] Solche ›innige‹

Verwandtschaft oder Ähnlichkeit zwischen Mensch und Ding jeweils aufzuspüren, ist das Programm der Dinggedichte, und das bevorzugte Mittel, sie darzustellen, ist neben der Metapher der Vergleich, der sich seiner gleichheitsstiftenden Macht wegen zur Aufdeckung verborgener Analogien besonders eignet.

Robert Musil hat die Bedeutung dieses Rilkeschen Kunstgriffs schon früh erkannt. In seiner Totenrede, auf der Rilke-Feier 1927 in Berlin gehalten, hat er von Rilke gesagt, ihm sei »alles Gleichnis und – nichts mehr nur Gleichnis«[21] gewesen. Dafür hat er ein ebenso Rilkesches wie Musilsches Gleichnis gefunden:

> Bei ihm sind die Dinge wie in einem Teppich verwoben; wenn man *sie* betrachtet, sind sie getrennt, aber wenn man auf den Untergrund achtet, sind sie durch ihn verbunden. Dann verändert sich ihr Aussehen, und es entstehen sonderbare Beziehungen zwischen ihnen.[22]

Anschaulicher kann man die verfremdende Funktion der Vergleiche Rilkes kaum beschreiben.

4.

Der Vergleich mag bei Rilke ebenso wie bei manch anderen früheren und späteren Dichtern eine große Rolle spielen; noch wichtiger für die moderne Lyrik im Ganzen ist jedoch die *Metapher* geworden. Dafür mag es mehrere Gründe geben – nicht nur den, daß für symbolistische Lyriker zumindest der Wie-Vergleich sozusagen gesperrt war durch Mallarmés Bemerkung: »Je raye le mot ›comme‹ du dictionaire«.[23] In ihrer Komprimiertheit dürfte die Metapher auch der Neigung moderner Lyriker zu gedrängter Kürze mehr entgegenkommen: nicht zufällig dominiert sie in den Kurz-Gedichten, denen vor allem der Imagismus zu neuem Ansehen verholfen hat. Die metaphorische Sprachverwendung in der modernen Lyrik stellt sich allerdings extrem vielgestaltig dar; die Spanne reicht von dem einen Extrem der ›normalen‹ (oder ›relativen‹) bis zum anderen Extrem der ›absoluten‹ Metapher.

Für das eine Extrem der ihrer Struktur nach eher konventionellen oder ›normalen‹ Metapher steht das wohl bekannteste Gedicht Ezra Pounds und der englischen Imagisten:

In a Station of the Metro

The apparition of these faces in the crowd;
Petals, on a wet, black bough.

In einer Station der Metro

Das Erscheinen dieser Gesichter in der Menge:
Blütenblätter auf einem nassen, schwarzen Ast.[24]

In ihrer Semantik ist diese Metapher ungewöhnlich und verfremdend: als direkte Verbindung zweier disparater Bilder, die man üblicherweise nicht in eine Beziehung zueinander bringen würde. In ihrer Struktur ist sie allerdings weniger kühn. Schon ›Bildempfänger‹ und ›Bildspender‹ lassen sich leicht unterscheiden (nicht zuletzt deshalb, weil sie bereits äußerlich, durch die Interpunktion, scharf voneinander getrennt sind); auch der Ähnlichkeitsgesichtspunkt ist unschwer zu finden:

[...] die Gemeinsamkeit des Bildempfängers »Gesichter vor dunklem U-Bahnschacht« und des Bildspenders »Blütenblätter an einem feuchten, schwarzen Ast« springt in die Augen. Der Weg vom Bildempfänger zum Bildspender geht über eine visuelle Abstraktion, in der sich die Einzelheiten des menschlichen Gesichtes und des U-Bahntunnels auflösen, bis nur noch die vorherrschenden Farbenflächen übrigbleiben: ein Blütenrosa der Gesichter und das Schwarz eines astlangen und -schwarzen Tunnels«.

Das ist, nach Jürgen Peper, gerade für U-Bahn fahrende Intellektuelle gut nachvollziehbar: »Der Kurzsichtige ohne Brille kennt diesen Vorgang«.[25] Ebenso wie das metaphorisch Gemeinte, das metaphorische Denotat,[26] lassen sich auch die metaphorischen Konnotationen einigermaßen genau bestimmen: es sind »Konnotationen von Vergänglichkeit und prekärer Schönheit«,[27] die auf den Bildempfänger übertragen werden.

Von ihrer Struktur her ist Pounds Metapher also eher konventionell – was sich nicht zuletzt daran zeigt, daß sie ohne große Mühe zu paraphrasieren und in nicht-poetische Sprache zu übersetzen ist. Von ihrem Inhalt her ist sie jedoch durchaus unkonventionell. Zum einen wegen ihrer prägnanten Kürze, die Pound veranlaßt hat, dieses Gedicht auch als »Hokku-ähnlichen Satz« zu bezeichnen[28] (womit er auf die Tradition der japanischen Kurz-Gedichte verwiesen hat). Zum anderen aber wegen der beträchtlichen Differenz der beteiligten Begriffsbereiche von ›Mensch‹, ›Technik‹, ›Großstadt‹ und ›Natur‹. Dieser große Abstand zwischen Bild und Sache, Bildspender und Bildempfänger macht die semantische Kühnheit der Metapher aus.[29]

Pound hat mit Texten wie »In a Station of the Metro« eine eigene Tradition in der modernen Lyrik begründet: die Tradition des ›one-image-poem‹, des ›Ein-Bild-Gedichts‹, das nicht nur die Imagisten gepflegt haben. Es besteht aus der Präsentation eines konkreten, metaphorisch verwendeten (Sinn-)Bildes. Seine Hauptmerkmale sind Kürze und Kühnheit (oder sollten es wenigstens sein), und beide können den Interpreten vor beträchtliche Probleme stellen. So etwa bei Reiner Kunzes Gedicht:

Amulett aus dem gebirge,
(gegen äußere und innere verletzungen)

Ins geröll
springen

Oder es meiden.[30]

Bei diesem Gedicht ist es vor allem die Kürze der zentralen Metapher, die Schwierigkeiten in sich birgt. Der Text präsentiert nur noch den Bildspender, der Bildempfänger ist sozusagen ausgespart und in den Untertitel verdrängt: ›innere Verletzungen‹. Das ist hier nicht im medizinischen Sinn als Verletzung innerer Organe, sondern im übertragenen psychologischen Sinn als seelische Verletzung zu verstehen. Die beiden Begriffsbereiche ›Geröll‹ und ›Verletzungen‹ scheinen dabei nicht so diskrepant, daß es schwer wäre, Ähnlichkeitsgesichtspunkte zu finden; sie drängen sich, im Gegenteil, fast auf. Dennoch ist die Metapher nicht ohne weiteres zu paraphrasieren. Zwar kann man den Begriff ›Geröll‹ wohl auf ›Inneres‹ übertragen, etwa im Sinn von Unordnung, Auflösung, Haltlosigkeit; doch bleibt die entscheidende Frage, was es heißen kann und soll, daß das »Ins-Geröll-Springen« ein Schutz gegen Verletzungen sei. Beschwört es sie nicht gerade herauf, wie es in dem Sprichwort: »Wer sich in Gefahr begibt . . .« angedeutet wird? Und inwiefern kann es zu der Meidung von Geröll eine gleichwertige Alternative sein, wie das »Oder« suggeriert? Nicht, daß es auf diese Fragen keine zufriedenstellenden Antworten geben könnte; doch setzen sie eine Deutung des »Springens« voraus, die alle Rätsel lösen würde. Nur: für eine solche Lösung findet der Interpret im Text kaum Anhaltspunkte; ihrer unbestimmten Kürze und knappen Ausführung wegen muß die Metapher mehr oder weniger dunkel oder wenigstens offen bleiben – offen für Deutungen.

Anders liegt der Fall bei einem frühen Gedicht Ungarettis:

Stasera
Balaustrata di brezza
per appoggiare stasera
la mia malinconia

Versa il 22 maggio 1916

Heut abend
Balustrade aus Wind
um heut abend
meine Traurigkeit
aufzustützen.[31]

Nicht nur die Kürze, auch die Kühnheit der Metapher gibt dem Leser Rätsel auf: Was können eine Balustrade und der Wind gemeinsam haben? Wie kann man Traurigkeit »aufstützen« (»appogiare«), als wäre sie ein Körperteil wie der Kopf? Das metaphorische Denotat ist hier kaum, die metaphorische Konnotation nur vage zu ermitteln.

Damit stellt das Gedicht Ungarettis schon eine Annäherung an das andere Extrem metaphorischer Sprachverwendung in der modernen Lyrik dar, das sich deutlich zeigt in einem Gedicht wie Rafael Albertis

Los ángeles mohosos	*Die schimmligen Engel*
Hubo luz que trajo por huesco una almendra amarga.	*Es gab Licht, das brachte als Kern eine bittere Mandel.*
Voz que por sonido el fleco de la lluvia, cortado por un hacha.	*Stimme, die als Klang das Stirnhaar des Regens, wenn die Axt es kappt.*
Alma que por cuerpo, la funda de aire de una doble espada.	*Seele, die als Körper die Scheide aus Luft eines doppelten Schwertes.*

Venas que por sangre, yel de mirra y de retama.	*Venen, die als Blut* *Galle aus Myrrhe und Ginster.*
Cuerpo que por alma, el vacío, nada.	*Körper, der als Seele* *die Leere, das Nichts.*[32]

Auch bei diesem Gedicht mag schon die sprachliche Verkürzung Verständnis-Schwierigkeiten heraufbeschwören. Sie werden nicht wesentlich geringer, wenn man gewahr wird, daß in jeder Strophe die Prädikate »hubo« (»es gab«) im Haupt- und »trajo« (»brachte«) im Relativsatz zu ergänzen sind – also der zweite Satz grammatisch vollständig, etwa lautet: »Es gab (eine) Stimme, die brachte als Klang das Stirnhaar des Regens, wenn die Axt es kappt«. Offenbar wird jedoch die Metapher selbst durch die Vervollständigung des Satzes nicht klarer.

Bei Alberti ist, wie bei Pound und Ungaretti, das metaphorische Verfahren der translatio, der Bedeutungsübertragung, deutlich genug ausgeprägt – schon weil manche Metaphern (wie die gerade zitierte) mehrgliedrig sind. Erhebliche Schwierigkeiten stellen sich jedoch bei der relatio ein, der Bestimmung des metaphorisch Gemeinten. Die Metaphern dieses Gedichts sind, wenn überhaupt, nur teilweise paraphrasierbar, weil das tertium comparationis, der Vergleichspunkt, nicht immer eindeutig angebbar ist. So mag die Metapher vom »Stirn*haar* des Regens« noch insoweit übersetzbar sein, als man bei dünnem Regen ja auch von (Tropfen-)»Fäden« (oder »Bindfäden«) spricht. Was jedoch mit »*Stirn*haar« gemeint ist, bleibt demgegenüber dunkel: die visuelle Analogie zwischen Tropfenfäden und Haarfransen trägt nicht unbedingt so weit.

Ähnlich vage bleibt die Paraphrase auch bei dem letzten Glied der Metapher: »wenn die Axt es kappt«. Hier mag man zunächst an ein plötzliches Aufhören des Regens denken. Doch steckt in der Metapher eine Konnotation von Gewalttätigkeit, die selbst auf das plötzliche Nachlassen von Regen nur schwer übertragbar scheint – ebensowenig wie die Tatsache, daß mit der Axt das Stirnhaar abgeschnitten, und das heißt doch wohl zugleich: der Schädel gespalten wird. Vollends dunkel ist dann schließlich der Ähnlichkeitsgesichtspunkt zwischen dem Klang einer Stimme und diesem Vorgang: das metaphorische Denotat ist nicht recht erkennbar, und die metaphorischen Konnotationen sind überdies äußerst widersprüchlich.

Solche Metaphern, die nicht mehr paraphrasierbar,[33] nicht mehr in

»reelle Prädikate« übersetzbar[34] sind, die zum »absoluten Bild« werden, »das nur noch entfernte Spuren eines Abbilds besitzt und das weniger einem Vergleich entstammt als vielmehr einem Sprung, einem Weitsprung«,[35] hat man als »absolute« Metaphern bezeichnet. Der Ausdruck ist umstritten.[36] Bei der Analyse der metaphorischen Sprachverwendung in der modernen Lyrik scheint er jedoch kaum ersetzbar zu sein. Denn er bringt eine weitverbreitete Erscheinung auf einen – vielleicht nicht ganz glücklich gewählten – Begriff: die typisch moderne, extreme »Verfremdung des Vertrauten«[37] durch eine extreme, nicht mehr referenzialisierbare Metaphorik.

5.

Der augenfälligen Modernität der ›absoluten Metapher‹ zum Trotz ist gelegentlich die Frage aufgekommen, ob es Ähnliches nicht auch schon in der Literatur früherer Zeiten, etwa in der Lyrik des Barock, gegeben habe.[38] Bei der *Montage* hat sich diese Frage offenbar nicht gestellt: sie gilt allgemein als eine künstlerische Erfindung der Moderne. Im Unterschied zum Vergleich oder zur Metapher kann sie allerdings nicht beanspruchen, ein spezifisch literarisches Verfahren zu sein. Ursprünglich ist sie in der bildenden Kunst zu Hause, als Technik der Collage, wie sie zuerst in den »papiers collés« sich zeigt, die Picasso und Braque noch vor dem Ersten Weltkrieg schufen. Spätestens mit Sergej Ejzenštejns »Panzerkreuzer Potemkin« (1925) hat sich die Montage auch in der Filmkunst etabliert. Ungefähr zur gleichen Zeit setzt sie sich in der Literatur durch.

Die verfremdende Wirkung der Montage beruht nicht, wie beim Symbol, beim Vergleich und bei der Metapher, auf einer Veränderung oder Verschiebung der Bedeutung. Sie ist überhaupt nicht semantischer, sondern textematischer Art. Die Montage ist ein Kompositionsprinzip: eine bestimmte Form der Anordnung von Wörtern oder Sätzen unterschiedlicher Art, Bedeutung oder Herkunft, die sprachlich nicht in der üblichen Weise miteinander verknüpft, sondern unverbunden nebeneinander gestellt werden. Dabei werden in der Regel zugleich die realen Zusammenhänge mißachtet, in die die bezeichneten Gegenstände oder Sachverhalte gehören.

Ein frühes Beispiel für eine lyrische Montage ist Louis Aragons surrealistisches Gedicht »Mimosas«, aus demselben Jahr wie Ejzenštejns Film:

Mimosas

A la démoralisation

Le gouvernement venait de s'abattre
Dans un buisson d'aubépines
Une grève générale se découvrait à perte de vue
Sous les influences combinées de la lune et de la céphalalgie
Les assassins s'enfuyaient dans la perspective des courants d'air
La victime pendait à la grille comme un bifteck
Une chaleur à claquer
Aussi faut voir si les casernes en entendaient de drôles
L'alcool coulait à flot par les tabatières des toits
Le métropolitain sortit de terre afin de respirer
Quand tout à coup il apparut
Au détour de la rue
Un petit âne qui traînait une voiture
Décorée pour la bataille des fleurs
Premier prix pour toute la ville
Et les villes voisines

Mimosen

für die Verderbnis der Sitten

Die Regierung war gerade
in einen Weißdornbusch gefallen
Ein Generalstreik ward sichtbar soweit das Auge reicht
Unter dem kombinierten Einfluß des Monds und des Kopfwehs
Flohen die Mörder in die Perspektive der Zugluftwinde
Das Opfer hing wie ein Beefsteak am Gitter
Eine Hitze zum Eingehen
Auch muß man sehen ob die Kasernen was zu hören kriegten
Der Alkohol floß in Strömen aus den Luken der Dächer
Die Metro kroch aus der Erde um Luft zu schnappen
Da plötzlich erschien
An der Biegung der Straße
Ein Eselchen das einen Wagen zog
Der für den Blumenkorso geschmückt war
Erster Preis für die ganze Stadt
Und für die Nachbarstädte.[39]

Das Gedicht war zu seiner Zeit gleich in mehrerer Hinsicht neuartig: durch die traumhafte Irrealität (oder Halbrealität) des Ganzen etwa oder durch die Kühnheit und Komik mancher ›Bilder‹. Neuartig war es nicht zuletzt aber auch durch die ungewöhnliche Reihung dieser Bilder. Bilder aus völlig unterschiedlichen Bereichen werden scheinbar zusammenhang- und übergangslos aneinandergereiht, von der buchstäblich gestürzten Regierung über die Metro bis hin zum Eselskarren für den Blumenkorso. Die Abfolge dieser Bilder scheint sprunghaft, ja willkürlich zu sein. Die Wirklichkeit – sofern es Wirklichkeit ist, was hier dargestellt wird – wird ausschnitthaft zerstückelt präsentiert. Jede Kontinuität fehlt.

Ein solches Gedicht soll den Leser irritieren und schockieren. Durch seinen diskontinuierlichen Aufbau ist es schwer zu deuten: es scheint keine Einheit von Teilen mehr zu sein (wie es die traditionelle Hermeneutik von jedem Text unterstellt), sondern bloß noch ein Ensemble von Einzelstücken, die kein Ganzes mehr ergeben. Adorno hat deshalb davon gesprochen, daß in der Montageliteratur die »Negation der Synthesis«[40] zum Gestaltungsprinzip werde. Für den Interpreten stellt sich damit die Frage, ob ein Gedicht wie »Mimosas« insgesamt überhaupt noch auslegbar ist: Entbehrt es eines einheitlichen Sinns – oder bildet es, in der Ansammlung seiner Teile, nicht doch noch »eine wie immer prekäre Einheit«, die (so Peter Bürger) als »widerspruchsvolle Beziehung heterogener Teile« zu denken ist?[41]

Für das Letztere mag es einige Anzeichen im Gedicht geben: das politische Vokabular von »Regierung« (»gouvernement«) über »Generalstreik« (»grève générale«) bis zu »Kasernen« (»casernes«), das mit einem ›natürlichen‹ konfrontiert wird, vom »Weißdornbusch« (»buisson d'aubépines«) über den »Mond« (»lune«) und die »Luft« (»air«) bis hin zum Blumenkarren des Esels. Wie eine Klammer hält der Kontrast zwischen der Regierung, die in den Weißdornbusch gefallen ist, und dem Eselskarren das Gedicht zusammen. Welche Rolle den Mimosen dabei zugedacht ist, mag das Motto anzeigen: »für die Verderbnis der Sitten« (»A la démoralisation«) – Anarchie durch Natur, Flower Power auf surrealistisch. Das mag einen Sinn ergeben; doch ob er trägt und ob er das ganze Gedicht trägt, ist schwer zu entscheiden. Nicht alles scheint sich in diese Deutung einzufügen. Was ist etwa mit den »Mördern« (»des assassines«) und ihrem »Opfer« (»la victime«): handelt es sich um einen politischen Mord (im Zusammenhang mit einem Regierungssturz) oder um einen ganz anderen, unpolitischen? Wie ist die Komik vor allem im Mittelteil zu verstehen: satirisch, ironisch (vielleicht auch selbstironisch) oder nur unsinnig-komisch, als bloßer Nonsens? Sind Vers 7, 8 und 9 Zitate aus der Umgangssprache, und welche Funktion haben sie? Solche mehr oder weniger hilflosen Fragen, die im besten Fall der Autor beantworten könnte (wenn der Text nicht seine Entstehung der »écriture automatique« verdankt), lassen sich im übrigen an viele Montagegedichte stellen. Denn wo so gründlich die Normen kontinuierlicher, zusammenhängender Darstellung aufgehoben sind wie in der Montage, da gelten auch unsere Vorstellungen von der Welt, vom Zusammenhang der Dinge und unsere Muster der Sinn-Deutung nicht mehr viel. Die Verunsicherung ist radikal.

Die Surrealisten sind keineswegs die einzigen modernen Lyriker, die sich der Montagetechnik bedient haben, wenngleich sie es besonders intensiv getan haben. Selbst in dem kürzesten Abriß einer Geschichte der Montage in der Lyrik des 20. Jahrhunderts sind wenigstens noch zwei andere Dichter zu erwähnen: T. S. Eliot und Gottfried Benn. Eliots »The Waste Land« ist mit seinen und in seinen fünf Teilen auch eine große Montage. Schon in den ersten Zeilen des ersten Teils, »The Burial of the Dead«, ist das deutlich zu sehen: unterschiedliche Szenen, Dialogfetzen und Äußerungen werden hier unvermittelt nebeneinander gestellt. Wolfgang Iser hat die Funktion der Eliotschen Montage vor allem darin gesehen, die »Unabbildbarkeit des Wirklichen als Fülle höchst bizarrer Ansichten«[42] zu verdeutlichen. Die Wirklichkeit wird gewissermaßen in eine Vielzahl von Perspektiven zerlegt, die dem Leser bedeuten, »daß wir die Wirklichkeit nur in den Bildern von ihr haben«.[43]

Bei Eliot (wie schon bei Aragon) ist die Montage sowohl Zitat- wie Bildmontage. Das ist bei Gottfried Benn nicht anders. Seit den 20er Jahren, also nach seiner expressionistischen Phase, hat er sich bevorzugt der Montage bedient, besonders stark in panoramatischen Porträt-Gedichten wie »Annonce«, »St. Petersburg – Mitte des Jahrhunderts«, »1886«, »Clemenceau«, »Chopin« oder »Kleiner Kulturspiegel«. Anfangs hat Benn dabei die Montage benutzt, um so etwas wie eine poetische Autonomie (in der Nachfolge Georges und Mallarmés) zu demonstrieren. Als eine meist durch Reim oder Alliteration phonetisch strukturierte Reihung von Substantiven, die jeweils aus ihrem ursprünglichen Verwendungszusammenhang gelöst sind, schafft die Montage eine »künstlerische Ordnung«,[44] die ohne »Beziehung zu den Dingen einer äußeren Wirklichkeit« ist.[45] In späteren Gedichten wie »Außenminister«, »Der Broadway singt und tanzt« oder »Radio« greift Benn dann zunehmend – wenngleich nie ganz ohne Ironie – Worte und Wendungen der Umgangssprache auf und orientiert sich – zum Teil sogar ausdrücklich – am Vorbild außerliterarischer, filmischer Montage (nach der Art von Wochenschau-Berichten).

Durch die Surrealisten, Eliot und Benn vermittelt, findet die Montage schließlich noch in den Gedichten jüngerer Lyriker auffällige Verwendung. Paul Celans »Todesfuge«, Ingeborg Bachmanns »Reklame« und Enzensbergers »Bildzeitung« sind dafür die bekanntesten Beispiele aus dem deutschen Sprachraum.

6.

In surrealistischen Gedichten wie Aragons »Mimosas« scheinen die besonderen Möglichkeiten moderner lyrischer Sprache bereits weitgehend ausgeschöpft zu sein. Doch die Reihe verfremdender, antirealistischer Verfahren, derer sich die moderne Lyrik bedient hat, ist mit Symbol, Vergleich, Metapher und Montage nicht vollständig; zumindest ein weiteres ist noch zu erwähnen: das *Spiel mit der Sprache.* Von Anfang an zeichnet sich die moderne Lyrik durch ein geschärftes Bewußtsein für Sprache aus. Es findet seinen Ausdruck in Gedichten, die Sprache thematisieren und reflektieren, wie Stefan Georges »Das Wort«, William Carlos Williams' »The Words, the Words, the Words«, Eugenio Montales »Il parole« (»Die Wörter«), Czesław Miłoszs »Worte« (»Słowa«) oder Ingeborg Bachmanns »Ihr Worte«. Das Interesse der Dichter gilt allerdings in der Regel nicht allen Aspekten der Sprache gleichermaßen. Wie die Titel der angeführten Gedichte andeuten, richtet es sich vornehmlich auf das Wort, dabei wiederum besonders auf das Substantiv, das für viele Dichter geradezu den Inbegriff des (poetischen) Worts darstellt.

Solche sprachreflektierende, ›metalinguale‹ oder ›linguistische‹ Lyrik[46] ist noch nicht unbedingt sprachexperimentell. Mit der Sprache spielende Poesie entsteht erst im Umkreis des Futurismus, der mit seiner Forderung: »parole in liberta!« (etwa: Die Wörter in Freiheit! oder: Freiheit den Wörtern!) die Auflösung der Syntax zugunsten des einzelnen Worts vorantreibt. An die Stelle der Syntax treten dann zunehmend serielle, reihende Verfahren. Das Wort wird isoliert, aus allen sprachlichen Zusammenhängen gelöst und, in einem nächsten Schritt, in seine Elemente zerlegt: die Silbe, den Laut, den Buchstaben. Die Sprache wird zum Material – auch zum sozusagen spaltbaren Material –, und die Lyrik beschäftigt sich auf diese Weise mit nichts als Sprache. Dabei dürfte es kaum eine sprachliche Konvention geben, die sie nicht in Frage stellte – sogar die, daß man mit sprachlichen *Zeichen* etwas Außer-Sprachliches bezeichnen wolle. Dies ist dann, grob skizziert, die Eigenart der Konkreten Poesie, soweit sie linguistische Poesie ist.

Das Spiel mit der Sprache ist allerdings kein Monopol der Konkreten Lyrik. Glücklicherweise; denn mit dem Spielerischen ist es in dieser Poesie mitunter nicht weit her. Viele ihrer Vertreter ziehen es ohnehin vor, von ›Experiment‹ zu sprechen (was nicht ganz unproblematisch ist); ihre Texte sind jedenfalls häufig eher konstruktivistisch als phantasievoll, auch nicht frei von einem hohen Pathos, das nicht immer gefüllt ist. Zu einem spielerischen Unernst fähig sind nur wenige. Ein Autor, der so intensiv mit Sprache experimentiert hat wie die Konkreten Lyriker, ohne doch im strengen Sinn einer von ihnen zu sein, ist E. E. Cummings. Von ihm stammt eines der bekanntesten sprachspielerischen Gedichte:

r-p-o-p-h-e-s-s-a-g-r

who
a)s w(e loo)k
upnowgath

PPEGORHRASS
eringint(o-
aThe):l
eA
!p:
S a
(r

rIvInG .gRrEaPsPhOs)
to
rea(be)rran(com)gi(e)ngly
,grasshopper;

r-ü-p-f-e-s-a-g-h-r

der

wi)e wi)r hinseh)n
sichhochjetzt

PFEGÜRHRAS

raff(t-

zum):s

prU

!ng:

und

(auf

sEtzT *.gRraPfeHüs)*

um

sich (wie) zu (der) ord (zum) nen
,grashüpfer;[47]

Die Schwierigkeiten, die dieser Text einem Leser bereitet, sind elementar. Auf den ersten Blick präsentieren sich ihm nur wenige normale Wörter wie »who« am Anfang und »grasshopper« am Ende – und ansonsten Buchstabengruppen, die ihm Rätsel aufgeben, wie »upnowgath« oder »eringint(o«. Zu verstehen ist da erst einmal nicht viel; dem Leser wird vielmehr zunächst einfache Entzifferungsarbeit abverlangt – wie einem ungeübten Erstleser. Gelingen kann ihm diese Entzifferungsarbeit aber nur, wenn er die durch Zwischenräume markierten ›Wortgrenzen‹ mißachtet. Dabei mag sich dann, auf den zweiten oder dritten Blick, herausstellen, daß die unorthodoxe – und höchst befremdliche – Form des Gedichts sich vor allem zwei Kunstgriffen verdankt: zum einen der normwidrigen Worttrennung und -zusammenschreibung bei fast allen Wörtern des Textes; und zum anderen der Umstellung und Vertauschung der Buchstaben des Worts »grasshopper« in der ersten, vierten und zwölften Zeile, aus der dann durch zweimalige Umgruppierung das Wort in seiner gewöhnlichen Schreibweise hervorgeht. Was sich zuerst als reine, bloß manieristische Lektüre-Erschwernis darstellt, erweist sich so nach und nach als ein sinniges, ja symbolisches Verfahren. Das Gedicht *spricht* nicht nur von den sprunghaften Bewegungen des Grashüpfers, der erst auf den vierten Blick zu identifizieren ist; es *zeigt* dies auch durch das Spiel mit der Sprache, das die allmähliche Ordnung der Buchstabengruppe »r-p-o-p-h-e-s-s-a-g-r« über »PPEGORHRASS« und ».gRrEaPsPhOs« zu

»grasshopper« bedeutet.[48] Im übrigen bieten sich sowohl der einfache Vorgang des Wiedererkennens eines vertrauten, aber (vorübergehend) fremdgewordenen Gegenstands wie auch die kunstvolle, aber ungewöhnliche und befremdende Darstellung dieses Vorgangs für mancherlei Deutungen an – nicht zuletzt über die Funktion experimenteller oder avantgardistischer Kunst.

Als sprachspielerische Lyrik mit tieferer Bedeutung steht das lettristische Gedicht von Cummings zwischen zwei Extremen. Das eine Extrem markieren zahlreiche Gedichte Paul Celans, in denen das Spiel mit der Sprache bis ins kleinste einen Sinn zu haben scheint, jedenfalls ausdeutbar ist. Das gilt noch für Celans Worttrennung. In seinem Gedicht »...rauscht der Brunnen« aus dem Band »Die Niemandsrose« findet sich die Zeile:

mit den Men, mit den Schen, mit den Menschen [...]

Das scheint erst einmal eine bloße Spielerei zu sein. Peter Horst Neumann hat darin jedoch mehr gesehen, nämlich »ein tiefsinniges Übersetzungsspiel« mit dem Wort »Menschen«:

> Nur durch ihren hier erstmals gehörten Reimklang scheinen sich die Silben noch aufeinander zu beziehen, sie sind aber im selben Augenblick in eine je andere Sprache hinübergewechselt und dort aus Wortfragmenten zu Wörtern geworden. Liest man das »Men« als englisches Wort, so bedeutet es Menschen. Kommt einem aber das »Schen« (sozusagen) »chinesisch« vor und entschließt man sich, mitspielend, es als chinesischen Laut anzunehmen, so bedeutet es – in der Umschrift *jen,* mit französisch gesprochenem j – Mensch. [...] Dann wäre in jedem Teil des zerhackten deutschen Wortes durch dessen Emigration in eine fremde Sprache das Ganze gerettet, das Zerstörte unversehrt, das Verkrüppelte »gerade«.[50]

Das andere Extrem sprachspielerischer Lyrik markiert ein dadaistisches Lautgedicht wie Rudolf Blümners »Ango laina« mit Zeilen wie:

Oiaí laéla oía ssísialu
ensúdio trésa súdio mischnumi
ja lon stuáz.[51]

Die einzelnen Buchstaben- und Lautgruppen sind zwar noch voneinander abgesetzt wie Wörter; doch ob sie auch die bezeichnende

Funktion von Wörtern haben und was sie möglicherweise bezeichnen, bleibt im Dunkeln. So muß man dieses Gebilde wohl eher für Wortmusik als für Sprache nehmen, für eine Verabsolutierung des phonetischen Materials der Sprache. In seinem Verzicht auf erkennbare »Bezeichnung und Benennung« steht es auf der »Schwelle der Preisgabe der semantischen Funktion«, die nach Hans Blumenberg »zwischen der Vieldeutigkeit und der bedeutungslosen Undeutbarkeit« liegt.[52]

Natürlich darf man nicht vergessen, was solche sprachspielerischen Gedichte oft auch sind: Späße, und nicht die gewöhnlichsten. Daran wird man gelegentlich nachdrücklich erinnert – etwa wenn man Kurt Schwitters' Klassiker der Konkreten Poesie »An Anna Blume« liest, Ernst Jandls »ode auf N« oder auch Bob Cummings' verfremdetes Zähl-Werk:

wan
do
tree
fear
fife
seeks
siphon
eat
neighing
den
elephan'
twirl.[53]

Ähnlich hatte sich auch schon Christian Morgensterns »Galgenkind« die Monatsnamen gemerkt.[54]

Das Spiel mit der Sprache in der modernen Lyrik ist aber nicht nur von unterschiedlichem Unterhaltungs- und Erkenntniswert (was man gerade gegen die Konkrete Poesie oft vorgebracht hat, aber natürlich genauso gegen viele nicht-konkrete Dichtung einwenden kann). Es ist auch von unterschiedlicher Radikalität – was die Auflösung (konventioneller, auch konventionell lyrischer) Sprache und was die Erfüllung und Enttäuschung (konventioneller) Sinn-Erwartungen angeht. Insofern mag die Verfremdung, die es bewirkt, dann u. U. noch gründlicher sein als die der Montage. Denn sprachspielerische Lyrik kann nicht nur mit den Konventionen lyrischer Sprache und mit den

Konventionen der Sprache überhaupt brechen; sie kann sich darüber hinaus noch jeder erkennbaren Bedeutung verschließen. Ein tieferer Bruch mit der Tradition scheint kaum denkbar.

7.

In ihren ersten Jahrzehnten ist die moderne Lyrik anti-realistisch in fast steter Steigerung, bis zu den Gedichten (oder gedichtähnlichen Gebilden) der Futuristen und Dadaisten: sie haben den anti-realistischen Stil erstmals zum Extrem abstrakter, nicht mehr gegenständlicher Rede entwickelt. Wenn es bis dahin einen einigermaßen linearen Fortschritt in der modernen Lyrik gegeben hat, so endet er nun. Denn der Dadaismus stellt nicht nur in technischer Hinsicht, was die Radikalisierung des Anti-Realismus angeht, einen Höhepunkt dar; er markiert in gewisser Weise ebenso einen Wendepunkt. Zwar bildet sich, nach dem Dadaismus, bald eine Art Tradition der Avantgarde, die über den Surrealismus hinaus bis zur sprachexperimentellen Konkreten Lyrik der Jahrhundertmitte reicht. Zugleich entsteht jedoch, als Reaktion auf den Avantgardismus, eine – nicht nur – technisch weniger extreme, eine eher moderate moderne Lyrik. Gottfried Benn hat im nachhinein (in seiner Marburger Rede von 1956) von einer zweiten Phase des modernen lyrischen Stils gesprochen, in die er selbst nach seinen expressionistischen Anfängen zu Beginn der 20er Jahre eingetreten ist. Am deutlichsten zeichnet sich diese Entwicklung wohl in der englischen Lyrik ab, die mit Eliots »The Waste Land« 1922 ihren – auch – technischen Höhepunkt erlangt. Die Gedicht-Bände, die Eliot anschließend veröffentlicht, zumal »Ash-Wednesday« (1930), bleiben jedoch bezeichnenderweise an stilistischer Kühnheit weit hinter »The Waste Land« zurück – und Eliot ist, alles in allem, noch der kühnste englische Lyriker dieser Zeit. Jüngere Dichter wie Auden und Spender, die in den 30er Jahren auf sich aufmerksam machen, sind von vornherein traditioneller.

Dieser Anti-Avantgardismus ist selbst wieder uneinheitlich und von unterschiedlicher Radikalität. Am radikalsten zeigt er sich in einer Abwendung von dem anti-realistischen Stil der modernen Lyrik seit Baudelaire und in der Annäherung an die jeweilige Alltags- oder Umgangssprache. Damit entsteht ein neuer Realismus. Er ist gekennzeichnet durch den Verzicht auf artifizielle Symbole und kühne

Metaphern, die nicht dem Bestand der normalen Sprache entstammen, durch eine relative Einfachheit des Stils und eine »Direktheit und Deutlichkeit der Aussage, die mit den extremen Neuerungen des Modernismus unvereinbar ist«.[55] Man kann hier, etwas vereinfacht, von einer Ent-Poetisierung der lyrischen Sprache reden – wenn mit ›Poetisierung‹ Verfahren moderner Verfremdung gemeint sind.

Am konsequentesten darin ist zunächst Bert Brecht. 1930 publiziert er, im 2. Heft der »Versuche«, zehn Gedichte »Aus einem Lesebuch für Städtebewohner«, die sich durch einen eigenen sprachlichen Realismus auszeichnen. Es sind schon im Vokabular betont unpoetische, an der gesprochenen Sprache orientierte, kaum stilisierte, rhetorisch schmucklose, ja geradezu schlichte Rollengedichte von Großstadtbewohnern über das Leben in der Großstadt, das als voll von »Schwäche, Verrat und Verkommenheit«[56] dargestellt wird. Die Figuren Brechts sprechen aber nicht nur, als Großstadtbewohner, *von* ihresgleichen, sondern auch *wie* ihresgleichen – »Wie die Wirklichkeit selber«.[57]

Der Realismus dieser Gedichte ist deshalb zuerst ein sprachlicher Realismus; er ist noch kein politischer, sondern ›bloß‹ ein dokumentarischer Realismus. Schlußformeln der »Lesebuch«-Gedichte, in denen sich der Autor zu Wort meldet, wie: »So habe ich Leute sich anstrengen sehen« oder: »Das habe ich schon Leute sagen hören« verraten vor allem einen Gestus des Zeigens, das auch ein Vor-Zeigen und Vor-Führen sein kann. Erst im Exil hat Brecht dann in seinen Gedichten einen ›zeitgeschichtlichen Realismus‹[58] entwickelt, der zugleich ein – allerdings ganz eigener – ›sozialistischer Realismus‹ ist, in einer meist gerade noch tolerierbaren Abweichung von der Partei-Linie. Manche Beispiele dafür finden sich in seinen »Svendborger Gedichten« von 1939 (die auch unter Genossen nicht ganz unumstritten waren), etwa das bekannte Epigramm:

Auf der Mauer stand mit Kreide

Sie wollen den Krieg.
Der es geschrieben hat
Ist schon gefallen.[59]

Ein solches Gedicht ist in seiner Knappheit und Klarheit der Umgangssprache weit näher als der Sprache der modernen Lyrik zwischen

Baudelaire und Breton. Es ist unkompliziert (wenngleich raffiniert) und leicht verständlich (wenngleich nicht ohne Überraschung). Es dient der Mitteilung und der Aufklärung. Insofern ist es auch parteilich: es spricht gewissermaßen im Namen des Volks zum Volk, und in dieser Haltung mag es an politische Lyrik des 19. Jahrhunderts erinnern.

Gleichwohl sind solche Gedichte nicht ›un-modern‹ oder ›vor-modern‹. Was den lyrischen Realismus Brechts in fast allen seinen Phasen und Varianten von dem vor-modernen etwa des Naturalismus unterscheidet, ist mehr noch als der für ihn typische lehrhafte Ton die »Abkehr vom Individualismus«.[60] Die realistischen Gedichte Brechts sind un-persönlich. Wenn in ihnen überhaupt ein Ich spricht, dann ist es kein lyrisches Ich im herkömmlichen Sinn, das sich als Subjekt *ausspricht,* indem es ein Erlebnis oder eine Stimmung wiedergibt. Das Ich in den Gedichten Brechts ist meist nur ein exemplarisches Ich (selbst wenn es Bert Brecht heißt), es ist vor allem ein Zeuge oder ein Beobachter, und es hat vor allem eine Erkenntnis- und Beglaubigungsfunktion. Insofern setzen sich die realistischen Gedichte Brechts gleichermaßen gegen die moderne verfremdende Lyrik seit den Symbolisten wie gegen die vor-moderne realistische Lyrik bis zu den Naturalisten ab. Sie sind eine andere Art moderner Lyrik – ohne Verfremdung.

Das gilt grundsätzlich genauso von den Gedichten eines William Carlos Williams, des anderen großen Realisten unter den modernen Lyrikern. Seine Gedichte sind gleichfalls eher objektiv, genauer: objektbezogen, oder wie Goethe gesagt hätte: »ganz äußerlich«[61] bei ihrem Objekt, das sie oft ohne einen erkennbaren subjektiven Reflex darzustellen versuchen. Dabei können sie ihre literarische Herkunft nicht verleugnen. Gut imagistisch konzentrieren sie sich zumeist auf einen Gegenstand, eine Person, eine Situation, einen Vorgang aus dem Erfahrungsbereich des Autors und begnügen sich mit einer möglichst genauen und zugleich unaufwendigen, ja sparsamen Beschreibung. Sie pflegen dabei ein wahrhaft »anstrengungsloses Sprechen«,[62] das weitgehend ohne Vergleiche und Metaphern auskommt und der Umgangssprache möglichst nahe ist, ohne kunstlos zu werden. Um soziale oder politische Relevanz bekümmert sich diese »Poesie des Allernächsten«[63] nicht, doch ist sie deswegen nicht zynisch oder gleichgültig für menschliches Leid. Sie ist nur gleichmütig: unaufgeregt aufmerksam. Ein – gesehenes – Bild menschlichen Kummers, das scheinbar ganz alltäglich, gleichwohl nicht ›bedeutungslos‹ ist, gibt etwa das bekannte Gedicht:

Young Woman at a Window	*Junge Frau am Fenster*
She sits with tears on	*Sie sitzt mit* *Tränen auf*
her cheek her cheek on	*der Wange* *der Wange auf*
her hand the child	*der Hand* *dem Kind*
in her lap his nose	*auf dem Schoß* *seine Nase*
pressed to the glass	*gedrückt* *ins Glas.*[64]

Gerade die Knappheit der Beschreibung läßt Raum für vielerlei Deutungen. Mutter und Kind – schon diese Verbindung ruft eine Fülle von Assoziationen herauf. Die Mutter bekümmert, das Kind unbekümmert neugierig; die Mutter in ihrem Schmerz verschlossen, das Kind in seiner Neugier offen, nur nicht für das Leid der Mutter; die Fensterscheibe als Öffnung zur Welt und als Begrenzung zugleich – alle Details des Bildes bieten sich für Ausdeutungen an. Das gilt auch für den Reihungsstil des Gedichts; es stellt eine adverbiale Bestimmung neben die nächste, die alle von einem Prädikat regiert werden: ein sinnfälliger Ausdruck leidvoller Starre.

Der lyrische Realismus eines Brecht oder Williams hat Schule gemacht. Brecht hat in Deutschland vor allem auf engagierte Lyriker wie Enzensberger und Biermann gewirkt, aber auch auf ausländische Dichter wie etwa den Italiener Franco Fortini; Williams vor allem auf amerikanische Lyriker wie Charles Olson und Allen Ginsberg, aber auch auf deutsche Dichter wie etwa Rolf Dieter Brinkmann. Der neue Realismus in der modernen Lyrik hat sich allerdings nicht nur in Abhängigkeit von Brecht und Williams entwickelt. In Spanien etwa entsteht er – ähnlich wie in England – seit Anfang der 30er Jahre besonders im Rückgriff auf ältere volkstümliche Dichtung, wie man beispielsweise bei Antonio Machado sehen kann, aber auch bei ansonsten entschiedener modernistischen Lyrikern wie García Lorca oder Alberti.

Geradezu programmatisch und entsprechend radikal wird der neue Realismus dann in den 50er Jahren von zwei Lyrikern ausgebildet, die sich als ideologiekritisch verstehen: von dem Polen Tadeusz Różewicz[65] und dem Chilenen Nícanor Parra. Parra hat in seinem Epigramm »Arte Poetica« die Formel dafür geliefert.

Todo lo real es antipoético	*Alles Reale ist antipoetisch*
Todo lo antipoético es real[66]	*Alles Antipoetische ist real.*

Konsequenterweise hat Parra seine realistischen Gedichte auch »Antipoemas« genannt: sie brechen mit der Konvention verfremdender Lyrik. Sein Programm ist die Erneuerung der Lyrik durch eine Entpoetisierung der Sprache (und einer der poetischen und ideologischen Dichter, gegen die er geschrieben hat, ist sein Landsmann Pablo Neruda). »Wir sprechen/ In der Alltagssprache«, heißt es in seinem Gedicht »Manifesto« und: »Die Dichter sind vom Olymp herabgestiegen«.[67] Parras Realismus verdankt sich allerdings nicht zuletzt einer inner-literarischen Revolte.

Ein halbes Jahrhundert
War die Poesie
Ein Paradies für feierliche Trottel,
Dann bin ich gekommen
Mit meiner Achterbahn,[68]

schreibt er provokant im Rückblick auf die Moderne. Brecht und Williams hätten die Lyrik anderer moderner Dichter vermutlich kein »Paradies für feierliche Trottel« genannt (obwohl sie sicher auch solche unter ihren Dichter-Kollegen kannten). Doch haben sie sich mit ihrem Realismus jeweils nicht weniger stark gegen prominente Lyriker ihrer Zeit gestellt: Brecht etwa gegen George und Rilke, für die er nur Spott übrig hatte, Williams etwa gegen Pound und Eliot, die für *ihn* oft nur Spott übrig hatten.

8.

Die Entwicklung eines spezifisch modernen Realismus beendet die Phase, in der es im wesentlichen nur *eine* Sprache der modernen Lyrik gegeben hat. Fortan gibt es deren zwei: eine verfremdende und eine realistische, die grundsätzlich beide modern sind. Die Dichter haben nun zwischen diesen beiden Rede-Weisen die Wahl, und viele von ihnen betrachten sie offenbar nicht als zwei Möglichkeiten, die einander ausschließen. Das gilt schon für die beiden großen Realisten Williams und Brecht. Das lyrische Werk von William Carlos Williams ist zwar voll von kurzen, konzentrierten Gedichten in der Nachfolge des imagistischen ›one-image-poem‹ und insofern typisch für die sehr viel realistischere anglo-amerikanische Lyrik der Moderne.[69] Sein großes Gedicht aus der Spätzeit, »Paterson«, fällt jedoch aus diesem Rahmen – schon seiner Länge, mehr aber noch seiner Bauweise und seiner Sprache wegen. »Paterson« ist nämlich ein großes Montage-Gedicht – montiert aus den verschiedensten Materialien und Elementen, zu denen auch umfangreichere Prosa-Passagen gehören. Doch nicht bloß in der Komposition zeigt es sich dem Prinzip der Verfremdung verpflichtet. Ebenso verfremdend ist seine Sprache, die reicher an ausgefallenen Metaphern ist, als man es sonst von Williams gewohnt ist; zentral für die Darstellung der Stadt etwa ist ihre Personifikation als »Mr. Paterson«.

Wie Williams hat sich auch Brecht keineswegs auf realistische Gedichte beschränkt. Bis in sein Spätwerk hinein, bis zu den »Buckower Elegien«, lassen sich wohl Gedichte finden, die in einem ähnlichen Sinn realistisch sind wie die Großstadt-Lyrik der 20er und die Exil-Lyrik der 30er und 40er Jahre – Gedichte wie »Heißer Tag« und »Rudern, Gespräche«. Dennoch dominiert in der sozialistischen Lyrik Brechts nicht unbedingt das realistische Moment. Nach 1930 hat er vielmehr ebenso Techniken lyrischer wie dramatischer Verfremdung entwickelt – besonders deutlich in Gedichten wie »Tierverse«, »Deutschland«, »Der Schneider von Ulm« oder »Die Lösung«. Wenn Brecht im Hinblick auf solche Gedichte weiterhin von Realismus gesprochen hat, so ist das nicht zuletzt eine Verbeugung vor sozialistischen Kunst- und Literaturdoktrinen, die allerdings nur um den Preis einer sehr weiten Auslegung, ja Umdeutung des Begriffs zu haben war.[70]

Wie die beiden Realisten Brecht und Williams haben es auch einige andere Dichter gehalten, die man gern auf verfremdende Verfahren festlegt. Zu ihnen gehört der große Antipode Brechts in der deutschen Lyrik der 50er Jahre: Gottfried Benn. Er hat bis ins Alter Gedichte geschrieben, die dem Prinzip der Verfremdung und speziell der Montage-Technik treu bleiben, daneben aber auch, wenngleich von der Öffentlichkeit lange nicht bemerkt, zahlreiche realistische Gedichte, wie »Restaurant«, »Eine Hymne«, »Was schlimm ist« (eine Art Gegen-Gedicht zu Brechts »Vergnügungen«), »Das sind doch Menschen« oder »Menschen getroffen« – scheinbar leicht hingeworfene Verse in einem Plauderton, der sich der Umgangssprache zwar oft genug ironisch, oft aber auch selbstironisch, ja humorvoll bedient.[71]

Solcher Wechsel zwischen verfremdender und realistischer Sprache im Werk eines Autors scheint ein Merkmal der modernen Lyrik in ihrer Spätphase zu sein. Man kann ihn etwa bei Czesław Miłosz, dem litauischen Literatur-Nobelpreisträger, beobachten, der, in den 30er und 40er Jahren Mitglied der »Katastrophisten«-Gruppe, als modernistischer Lyriker mit verfremdenden Gedichten wie »Das Lied des Bürgers« oder »Armer Christ sieht das Ghetto« hervorgetreten ist[72] – und der später, in den 60er und 70er Jahren zumal, realistische Gedichte wie »Glück« oder »Gabe« publiziert hat. Man kann das ähnlich bei Eugenio Montale beobachten, dem italienischen Literatur-Nobelpreisträger, der in den 30er Jahren als »Hermetist« angefangen und der im Alter immer wieder zu einem realistischen Stil gefunden hat, besonders in seinem Zyklus »Satura«, in dem er Momente aus dem Leben mit seiner verstorbenen Frau rekapituliert.[73] Bei Miłosz und bei Montale zeigt sich zugleich mit der Bevorzugung einer realistischen Schreibweise eine Hinwendung zu autobiographischen, privaten Themen, die bei einem jüngeren Dichter wie Robert Lowell (vor allem in seinem »Notebook«) noch deutlicher wird. Sie hat einer neuen Erlebnislyrik den Weg bereitet, die man meist der Post-Moderne zugerechnet hat.

III. Die Revolution der Mittel

Freier Vers und gebundene Formen

1.

Als Arno Holz 1899 seinen programmatischen Essay »Revolution der Lyrik« (später »Evolution der Lyrik«) veröffentlichte, formulierte er seine Ansicht über die Erneuerung der Dichtung in dem Satz: »Man revolutioniert eine Kunst [. . .] nur, indem man ihre Mittel revolutioniert«.[1] Anders als sein Antipode, der formstrenge George, in dessen Gedichten er vor allem »abenteuerlich gestopfte Wortwürste«[2] sah, erhoffte sich Holz die Entwicklung einer modernen Lyrik von einer Veränderung der poetischen Form – von dem, was dann als ›freier Vers‹, ›vers libre‹ oder ›free verse‹ in die Literaturgeschichte eingegangen ist. Er hatte damit nicht ganz recht – und nicht ganz unrecht. Vor einer formal modernen Lyrik existierte zwar schon eine sprachlich moderne, auch in Deutschland; und wenn es einen Gegensatz zwischen ihnen gab, dann hat er nicht lange Bestand gehabt.[3] Doch hat sich die Entwicklung des freien Verses zumindest als das zweite spezifische Merkmal moderner Lyrik erwiesen – und keineswegs bloß in Deutschland.

Die Anfänge moderner Gedicht- und Versformen lassen sich allerdings nicht so punktuell genau datieren wie der Beginn einer modernen lyrischen Sprache. Feststeht, daß freie Verse zuerst in der französischen Literatur auftreten, unter dem Namen *vers libre.* Wann genau, ist nicht eindeutig zu sagen. Oft wird auf das Jahr 1888 verwiesen, in dem der symbolistische Lyriker Gustave Kahn seinen viel beachteten programmatischen »Essai sur le vers libre« veröffentlichte. Erste Beispiele für die neue Versart hatte Kahn selbst aber bereits 1887 in seinem Gedichtband »Les palais nomades« gegeben, aus dem er wiederum 1886 einige Gedichte vorab publiziert hatte.

1886 erschienen auch die beiden prominentesten, sozusagen klassischen *vers-libre*-Gedichte, auf die sich Kahn beziehen konnte: Rimbauds »Mouvement« und »Marine«, die beide jedoch schon um 1873 herum entstanden waren.

Auch *vers libre* ist – ähnlich wie Verfremdung – ein relativer Begriff. Sein Gegenbegriff ist zunächst *vers regulier,* der (fuß- oder reim-) metrisch regulierte Vers, dessen klassische Ausprägung in der französischen Lyrik der Alexandriner ist (den noch Baudelaire bevorzugt hat). Der andere Gegenbegriff zu *vers libre* ist dann *vers libéré.* Der *vers libéré* hatte sich gegenüber dem *vers regulier* schon mancherlei Freiheiten genommen, die aber allesamt noch als metrische Lizenzen zu betrachten sind: Freiheiten etwa im Hinblick auf die Silbenzählung, die durch wechselnde Betonung des stummen »e« beweglicher gemacht wurde; Freiheiten im Hinblick auf die Plazierung der Zäsur; Freiheiten schließlich auch im Hinblick auf den Wechsel von männlichen und weiblichen Reimen. Den Vertretern des *vers libre* war das nicht genug. Sie wollten mehr:

nicht mehr nur Beweglichkeit in der Silbenzählung, sondern völlige(n) Verzicht auf Silbenzählung; nicht mehr ungewöhnliche Versarten oder neue Langverse, sondern Reihen beliebiger Länge; nicht mehr Freiheit der Reimgestaltung, sondern Aufhebung des Reimzwanges[4]

und, nicht zuletzt, Freiheit von jeder strophischen Gliederung.

Die Eigenart des *vers libre* wird schon an Rimbauds Gedicht »Marine« anschaulich, das Hugo Friedrich »das erste Beispiel des völlig freien Verses«[5] genannt hat:

Les chars d'argent et de cuivre –
Les proues d'acier et d'argent –
Battent l'écume, –
Soulèvent les souches des ronces.
Les courants de la lande,
Et les ornières immenses du reflux,
Filent circulairement vers l'est,
Vers les piliers de la forêt,
Vers les fûts de la jetée
Dont l'angle est heurté par des tourbillons de lumière

Seestück

Die silbernen und kupfernen Wagen –
Die stählernen und silbernen Buge –
Schlagen den Schaum, –
Heben die Strünke der Dornen empor.
Die Ströme der Heide,
Die unermeßlichen Furchen der Ebbe
Ziehen kreisend gen Osten,
Hin zu den Pfeilern des Waldes,
Hin zu den Stämmen des Damms,
Den an der Kante die Lichtwirbel stoßen.[6]

Was das Freie an diesen Versen ist, läßt sich unschwer erkennen: es ist die Nähe zur Prosa, die durch die Entfernung von traditionellen, geregelten Versen zustandekommt. Denn anders als alle damals in der französischen Literatur etablierten Versarten, sind diese Zeilen (weitgehend) ungereimt, von unterschiedlicher Silbenzahl und ohne strophische Gliederung. Annäherungen an regelmäßigere Rhythmen, zumal am Anfang und am Ende des Gedichts, verdanken sich weniger einem Versmaß als syntaktischen Parallelismen. Insofern sind solche Verse tatsächlich frei – frei von den Bindungen, denen Gedichte herkömmlicherweise unterworfen sind.

Solche Freiheit bedeutete eine Abkehr von allen Grundsätzen der Verskunst, die bis dahin mehr oder weniger unangefochten gegolten hatten. Die Vertreter des *vers libre* verabschiedeten, theoretisch wie praktisch, kurzerhand die Regeln der Metrik, indem sie Verse nicht mehr ›messen‹ wollten. Für viele war – und ist – das ein Widerspruch in sich: ein Vers ohne Versmaß. Für die Verfechter des *vers libre* aber kommt der Vers erst in der Freiheit von allen Bindungen zu sich. Das war radikal gedacht – und ist es noch immer. Insofern waren die Verfechter des *vers libre* tatsächlich Neuerer: Modernisten der Form.

Der *vers libre* wird in den 80er und 90er Jahren gleich von einer ganzen Gruppe von Lyrikern in der französischen Dichtung etabliert. Man hat sie, mit nicht sehr glücklich gewählten Ausdrücken, mal als die »kleinen Symoblisten‹ (im Unterschied zu den drei großen: Baudelaire, Rimbaud und Mallarmé) und mal als die ›Verslibristen‹ bezeichnet. Die bekanntesten von ihnen sind: Gustave Kahn, Jules Laforgue, Jean Moréas und Henri de Régnier. Einen bleibenden Platz in der Weltliteratur haben sie alle sich nicht sichern können. Dafür hatten sie zu ihrer Zeit einigen Einfluß.

Beeinflußt haben sie besonders die Gruppe junger englischer und amerikanischer Lyriker, die sich Imagisten genannt haben. Vor allem T. S. Hulme und F. S. Flint, zwei der (jugendlichen) Gründungsväter dieser Gruppe und beide mit der Dichtung der ›kleinen Symolisten‹ vertraut, haben nach dem Vorbild des *vers libre* den *free verse* entwickelt. Andere Imagisten haben sich ihnen rasch angeschlossen: D. H. Lawrence, Ezra Pound, W. C. Williams und Amy Lowell. In den programmatischen Äußerungen der Gruppe fehlen nicht Hinweise auf die neue Verstechnik. Schon 1913 stellt F. S. Flint einige Regeln für Imagisten auf, darunter auch diese: »As regarding rhythm: to compose in sequence of the musical phrase, not in sequence of a metronome«.[7] Das war noch etwas vage formuliert; doch schon zwei Jahre später heißt es genauer im (unsignierten) Vorwort zu der zweiten Anthologie der Gruppe, »Some Imagist Poets«:

Neue Rhythmen schaffen – als Ausdruck neuer Stimmungen – und nicht alte Rhythmen kopieren, die zumeist ein Echo alter Stimmungen sind. Wir bestehen nicht auf ›freien Versen‹ als der einzigen Methode, Gedichte zu schreiben. Wir kämpfen für sie als ein Prinzip der Freiheit. Wir glauben, daß die Individualität eines Dichters oft besser in freien Versen als in konventionellen Formen ausgedrückt werden kann. In der Dichtung bedeutet eine neue Kadenz eine neue Idee.[8]

Das war nun, bei aller Konzilianz der Formulierung, ein deutlicher Hinweis auf den Anspruch der Imagisten, die neue Versform für die Einführung neuer Inhalte und Themen zu benutzen. Der freie Vers hat die Imagisten dann noch länger beschäftigt; auch im Vorwort zu ihrer dritten Anthologie von 1916 finden sich umfangreichere Überlegungen dazu. Sie gipfeln in der Feststellung, daß das Prinzip des freien Verses die »perfect balance of flow and rhythm« sei.[9]

Die französischen Symbolisten um Gustave Kahn und die englischen Imagisten gelten gemeinhin als die Begründer des freien Verses in der modernen Lyrik. Man übersieht dabei meist, daß es auch einen deutschen Strang freier Verslyrik gibt, der älter als der englische und nur wenig jünger als der französische – und im übrigen zumindest seinem Anspruch nach unabhängig von beiden ist. 1898/99 erschien die erste deutsche Dichtung in freien Versen: der »Phantasus« von Arno Holz. Auch die Gedichte dieses ursprünglich zweibändigen

Buchs lassen sich mit den Begriffen der traditionellen Metrik nicht mehr angemessen beschreiben: sie verzichten auf fußmetrische Regulierung, auf Reimbindung und auf strophische Ordnung. Am auffälligsten an diesen Gedichten ist, neben dem häufigen Auftreten extrem kurzer, ja bloß einsilbiger Verse, eine typographische Eigenart: die achsensymmetrische Anordnung der Zeilen.

Als formales Vorbild für die »Phantasus«-Verse hat man gelegentlich die freirhythmischen Gedichte Walt Whitmans genannt. Holz hat ihn zwar tatsächlich aufmerksam gelesen; in seinen Versexperimenten ist er jedoch weit über ihn hinausgegangen. Ähnlich wie die französischen Symbolisten sich vom *vers libéré* distanzierten, hat Holz die Freien Rhythmen, wie sie Klopstock in die deutsche (und Whitman in die amerikanische) Lyrik eingeführt hat, abgelehnt: sie erschienen ihm als ein bloßes »Konglomerat metrischer Reminiszenzen«.[10] Auch er wollte mehr – nämlich »notwendige« oder »natürliche Rhythmen«,[11] wie er 1899 in seiner »Revolution der Lyrik« schrieb. Sein Prinzip hat er dabei schlagwortartig knapp formuliert: »Rhythmik statt Metrik«.[12]

Die achsensymmetrisch angeordneten freien Verse des Holzschen »Phantasus« sind im wesentlichen eine deutsche Erscheinung geblieben – und auch das nicht für lange.[13] Der *vers libre* hingegen hat international gewirkt. Er hat nicht nur die Ausbildung des englischen *free verse,* sondern auch die des spanischen *verso libre* oder *ametrico* beeinflußt, dem vor allem Juan Ramón Jiménez im zweiten Jahrzehnt dieses Jahrhunderts zum Durchbruch verhalf. Nicht viel anders ist es in Italien, wo sich besonders Marinetti, als Gefolgsmann Gustave Kahns, seit 1905 zum Fürsprecher des *verso libero* machte.[14]

2.

Freie Verse sind zunächst einmal bloß negativ definiert – und das unterscheidet diesen Ausdruck von allen anderen Begriffen der Metrik, die jeweils positiv bestimmt sind: durch die Bindungen, denen die Versarten unterliegen. Aber gibt es überhaupt ein positives Prinzip freier Verse – und womöglich noch ein einheitliches dazu? Man kann daran Zweifel haben. Jedenfalls fiele es nicht schwer, schon zwischen den Charakterisierungen des freien Verses etwa bei Kahn, den Imagisten und Holz Widersprüche zu entdecken. So hat Kahn zum Beispiel das ›auditive‹ Prinzip des neuen gegenüber dem ›graphischen‹ des alten Verses betont – während Arno Holz gerade der Typographie seiner Gedichte besondere Aufmerksamkeit widmete. Und während die Imagisten den musikalischen Charakter der neuen Versart hervorhoben, hat sich Arno Holz gerade gegen die ›Musik‹ metrischer Verse ausgesprochen. Solche Differenzen finden sich nicht nur in der Theorie.

Graham Hough ist bei seiner vergleichenden Analyse einiger einschlägiger englischer Gedichte u. a. von Eliot, D. H. Lawrence und Pound zu dem Ergebnis gelangt, »that free verse is not a uniform phenomenon at all«.[15] Christian Wagenknecht wiederum hat für die deutsche Lyrik gleich drei verschiedene »Spielarten freier Versgestaltung«[16] unterschieden: einen ersten Typus, der »frei an wechselnde Muster der herkömmlichen Versdichtung« anknüpft, »im Unterschied zu den Freien Rhythmen also nicht allein oder vor allem an die klassischen Odenmaße«;[17] einen zweiten Typus, der durch unregelmäßige Rhythmisierungen gekennzeichnet ist; und einen dritten Typus schließlich, dem der Bezug auf traditionelle Metren fehlt, der aber gleichwohl noch den Anspruch erhebt, »mit so viel gesammelter Aufmerksamkeit gelesen zu werden, wie der Leser sie eben nur einem Gedicht gewohntermaßen entgegenbringt«.[18] Wagenknecht hat diesen Typus, offenbar in Ermangelung eines passenden metrischen Ausdrucks, als »Prosaische Lyrik«[19] bezeichnet. Wenn man sich einige Beispiele solcher ›Prosaischen Lyrik‹ anschaut: von Brecht über Eich und Enzensberger bis zu Celan, dann dürften sich auch hier wohl noch einige weitere (Unter-)Spielarten finden lassen. Angesichts all dieser Unterschiede scheint es auf jeden Fall eine Überlegung wert zu sein, ob nicht auch ›freier Vers‹ ein Familienähnlichkeitsbegriff ist.

Bei freien Versen liegt es nahe zu fragen, *wovon* sie frei sind oder sein wollen; denn das unerhört Neue an ihnen war eben, daß sie Freiheit beanspruchten. Genauso wichtig ist jedoch die Frage, *wofür* solche Verse frei sein sollen; denn zu rechtfertigen ist der Anspruch auf Freiheit nur, wenn er einen künstlerischen Sinn hat. Zu fragen ist also: Was können freie Verse leisten, was gebundene so nicht vermögen? Auch auf diese Frage lassen sich mehrere Antworten geben.

Die Propagandisten freier Versgestaltung sind sich weitgehend darin einig, daß gebundene Formen schematisch und restriktiv seien. Schematisch insofern, als sie bereits vor jedem konkreten Inhalt existieren; und restriktiv insofern, als sie bestimmte Inhalte ausschließen – wenn sie nicht sogar (und das wäre noch der schlimmste anzunehmende Fall) schon völlig leere Schematismen sind. Freie Verse jedoch, so geht die Argumentation weiter, kehren zu dem altehrwürdigen Grundsatz der Einheit von Form und Inhalt zurück. Da es keine vorgegebenen Bautypen mehr gibt, kann sich die Form immer dem Inhalt anpassen. »Der jedweilige Inhalt«, schreibt Arno Holz, schafft sich »seine ihm jedesmal adäquate Form«.[20] Damit ist zugleich gesagt, daß der freie Vers so flexibel sei, daß er sich grundsätzlich *jedem* Inhalt anpassen könne. Die Freiheit der Form sorgt so letztlich für eine bis dahin ungekannte Freiheit in der Wahl des Gegenstands.

Wenn man den freien Vers in dieser Weise funktional auffaßt, dann zeigen sich auch ganz neue Ausdrucksmöglichkeiten. Bezeichnenderweise heißt es im Vorwort zu der Imagisten-Anthologie von 1915, daß die neuen Rhythmen »Ausdruck neuer Stimmungen« (»expression of new moods«) seien. Nun kann man zwar kritisch fragen, ob es wirklich so viele neue »Stimmungen« geben kann wie Gedichte in freien Versen. Doch wird man den Imagisten zumindest zugestehen müssen, daß sie versuchten, alte Stimmungen auf neue Weise auszudrücken – und sei es auch nur formal. Gedichten wie Pounds »In a Station of the Metro« aber wird man sicher beides zubilligen müsen: sie drücken neue Gefühle frei von allen metrischen Stereotypen aus. Sie stellen, im Sinn Pounds, zumindest eine Annäherung an das dar, was er den »absoluten Rhythmus« nannte: »Ich glaube«, schreibt er in »Vortizismus. Das Programm der Moderne«, »daß jede Empfindung und jede Empfindungs-Phase irgendeine tonlose Phrase, eine rhythmische Phrase enthält, die ihr Ausdruck gibt«. Dieser Glaube, fügt Pound hinzu, habe ihn zum *vers libre* geführt.[21]

Ausdruck nun heißt für die Verfechter des freien Verses immer: individueller Ausdruck – und Neuheit entsprechend: Originalität. Schon Gustave Kahn hat betont, daß der Dichter, der freie Verse schreibt, die Möglichkeit habe, jedem Gedicht seine eigene, ganz individuelle Form zu geben.[22] Dies schließt, nach den Grundsätzen der ›Verslibristen‹, die Möglichkeit ein, daß der Dichter *sich selber* jedes Mal auf seine eigene Art ausdrücke – auch, aber nicht nur formal. Im Vorwort zu der dritten Anthologie der Imagisten heißt es lapidar, sie seien vor allem in einem Punkt »Nachkommen der *Symbolisten;* sie sind Individualisten«.[23]

Schließlich ist es aber nicht nur der unpersönliche, ausdruckslose

Schematismus gebundener Formen, gegen den sich die Fürsprecher des freien Verses wenden; es ist auch deren Künstlichkeit. Arno Holz hat seine »Phantasus«-Verse als »natürliche Rhythmen« bezeichnet, und »natürlich« sollte heißen: dem ›natürlichen‹ Wort- und Satzakzent der Prosa folgend, nicht einem künstlichen metrischen Muster. So verstanden, sind freie Verse zunächst und vor allem Sprechverse, die sich der gesprochenen Sprache wenigstens annähern. »Die Sprache gewöhnlicher Rede benutzen« (»To use the language of common speech«),[24] ist bezeichnenderweise die erste von sechs Regeln, die in der Anthologie der Imagisten von 1915 aufgestellt wird. Der Umgangssprache haben sich auch später fast alle profilierten Vertreter freier Versgestaltung bedient – von Arno Holz und Edgar Lee Masters über Brecht und William Carlos Williams bis hin zu Franco Fortini, Philip Larkin und Nicanor Parra.

Die Annäherung an die gesprochene Sprache prägt sowohl das Vokabular wie den Rhythmus freier Verse. Sie hat dazu geführt, daß sich in Gedichten mit freien Versen schon früh ein eigener Zeilenstil ausgebildet hat. Pounds »In a Station of the Metro« ist auch dafür ein Beispiel: Vers- und Satzgliederung fallen hier zusammen, jeder Vers umfaßt genau einen Satzteil, Vers- und Satz- oder Satzteilgrenzen sind identisch. In solchen Gedichten erwächst der Rhythmus wesentlich aus der syntaktischen Struktur. Manche Theoretiker haben daraus gefolgert, daß es im freien Vers, anders als im gebundenen, gar keinen eigenen Vers-, sondern bloß noch einen Satzrhythmus gebe.[25] Das stimmt nicht ganz. Auch in Gedichten mit freien Versen sind Vers- und Satzgliederung prinzipiell unabhängig voneinander.[26] Sie können zusammenfallen, sie müssen es aber nicht – und tun es auch oft nicht.

So gibt es natürlich zahlreiche Gedichte in freien Versen, die sehr wohl einen eigenen Versrhythmus aufweisen. Eines davon ist E. E. Cummings'

plato told	*plato sagte*
him: he couldn't believe it (jesus	*es ihm, er konnt* *es nicht glauben (jesus*
told him; he wouldn't believe it) lao	*sagte es ihm, er* *wollt es nicht* *glauben) lau*

tsze
certainly told
him, and general
(yes

mam)
sherman;
and even
(believe it
or

not) you
told him: i told
him; we told him
(he didn't believe it, no

sir) it took
a nipponized bit of
the old sixth

avenue
el; in the top of his head:
    to tell

him

dse
sagte es ihm und ob
und general
(ja

woll)
sherman,
und sogar
(ob du's glaubst
oder

nicht) du
sagtest es ihm, ich sagte
es ihm, wir sagten es ihm
(er glaubte es nicht, nein

zubefehl) erst als ein
japanisiertes stück von
der alten sixth

avenue
s-bahn in seinem hirnkasten stak

da mußt er dran glauben.[27]

Der Ton dieses Gedichts ist konversationell; das Vokabular entstammt der Umgangssprache, bis hin zu Floskeln wie »yes mam« »no sir« oder »believe it or not«. Trotzdem folgt die Versgliederung nicht der Satzgliederung und entsprechend auch der Versrhythmus nicht dem Satzrhythmus. Die Versabteilungen sind vielmehr durchweg a-, ja anti-syntaktisch: sie trennen etwa Prädikat und Objekt (»plato told// him«), Hilfsverb und Vollverb (»Couldn't// believe«), Subjekt und Prädikat (»jesus// told him«), gelegentlich sogar Namen wie »lao// tsze« oder »general/ (yes// mam)/ sherman«. Dadurch gelingt es Cummings, einen ganz eigenen Versrhythmus zu schaffen – was umso bemerkenswerter ist, als der Satzrhythmus durch die zahlreichen Parallelismen stark ausgeprägt ist.

Solche a-syntaktischen Versgliederungen sind vielleicht das wichtigste Mittel, in freien Versen einen spezifischen Versrhythmus zur Geltung zu bringen, ohne die wenigstens vokabuläre Orientierung an der gesprochenen Sprache aufzugeben. In der modernen deutschen Lyrik hat dieses Mittel am kühnsten Paul Celan gehandhabt, der durch die Versgliederung sogar Wörter getrennt hat – so zum Beispiel in seinem späten Gedicht

> BAKEN-
> sammler, nächtlings,
> die Hucke voll,
> am Fingerende den Leitstrahl,
> für ihn, den einen an-
> fliegenden
> Wortstier.
>
> Baken-
> meister.[28]

Solche Verse sind immer noch Sprechverse – in dem Sinn, daß man sie sprechen kann: jedes Versende läßt sich durch eine Pause im Vortrag wiedergeben. Die Zeilenabteilung ist dabei zwar a-syntaktisch. Doch statt der Satzteile berücksichtigt (und betont) sie die Wort-Teile; sie trennt etwa ein Präfix vom Verb (»an-// fliegenden«) oder die zwei Substantive eines Kompositums (»Baken-//sammler«).

Freie Verse sind allerdings nicht immer Sprechverse – wie man gerade an einem Gedicht wie Cummings' »r-p-o-p-h-e-s-s-a-g-r« sehen kann. Es kümmert sich in der Verssegmentierung weder um Satzteile noch um Wortteile, sondern nur noch um Buchstaben. Ein solches Gedicht läßt sich angemessen nicht mehr sprechen, bloß noch lesen: es muß visuell erfaßt werden. Es ist Lyrik für das Auge.

3.

Zu den Eigentümlichkeiten des freien Verses gehört es, daß er bis heute umstritten ist. So wie seine Einführung von polemischen Äußerungen über den gebundenen Vers begleitet war, hat er selbst polemische Reaktionen hervorgerufen. Daß ein Anhänger strenger Formen wie Stefan George ihm nicht viel abgewinnen konnte, mag noch nicht sehr verwundern: »Freie rhythmen«, befand er, »heißt soviel als weiße schwärze · wer sich nicht gut im rhythmus bewegen kann der schreite ungebunden«.[29] Schon überraschender ist es vielleicht, daß auch ein Lyriker wie T. S. Eliot, der von vielen als ›Verslibrist‹ betrachtet wird, Vorbehalte gegenüber der neuen Versart geäußert hat. *»Vers libre«,* schrieb er 1917 in seinem Essay »Reflections on *Vers libre«,* »[. . .] ist der Schlachtruf einer Freiheit, und Freiheit gibt es nicht in der Kunst«.[30] Eliots Position ist aber nicht wie die Georges ein ungebrochen strenger, sondern ein reflektiert gemäßigter Traditionalismus. Seine Polemik gegen den *vers libre* ist ein Plädoyer für den *vers libéré* – wie denn auch sein 1917 erschienener »Prufrock« zu einem großen Teil in dieser Versart geschrieben ist.

Am meisten mag es vielleicht erstaunen, daß die Kritik am freien Vers akademisch konserviert worden ist – und nicht nur von Metrikern.[31] Sie läßt sich letztlich auf zwei Punkte bringen. Zum einen wird behauptet, daß nicht der freie, sondern allein der gebundene ein echter Vers sei, weil nur er eine Unterscheidung von Poesie und Prosa erlaube. Darauf ist vor allem zweierlei zu entgegnen: erstens, daß auch der gebundene Vers nicht unbedingt eine trennscharfe Abgrenzung gegen die Prosa gestattet, weil es nämlich auch gereimte Prosa und Prosa in Versmaßen gibt;[32] und zweitens, daß es sehr wohl freie Verse gibt, die von Prosa zu unterscheiden sind, wie etwa das Beispiel von Cummings' »plato told« belegt. ›Prosaische Lyrik‹ mag die Dichtung in freien Versen in mancherlei Hinsicht sein, nicht zuletzt durch ihre beabsichtigte Annäherung an die gesprochene Sprache – aber nicht notwendig ist sie es auch in dem Sinn, daß sie rhythmisch von Prosa nicht zu trennen wäre. Im übrigen entbehrt die Behauptung, freie Verse seien keine Verse, nicht einer gewissen Gleichgültigkeit gegenüber den Tatsachen. Immerhin werden seit gut einhundert Jahren freie Verse geschrieben – und als Verse anerkannt.

Zum andern wird gegen freie Verse immer wieder vorgebracht, daß sie willkürlich gesetzt und somit kunstlos seien. Solche ästhetische Kritik läßt sich nun allerdings, bloß etwas abgewandelt, auch an gebundenen Versen üben. Doch das ändert nichts daran, daß sie sich, was den freien Vers angeht, auf ein umfangreiches Belegmaterial stützen kann. Gleichwohl ist auch dieser Einwand nur von Fall zu Fall richtig – und nicht in jedem Fall. Er betrifft aber ein wichtiges Problem freier Versgestaltung: die Motivierung der Versgliederung, wenn die rhythmische durch ein Metrum entfällt. Nimmt man die programmatischen Äußerungen der Theoretiker des freien Verses ernst, dann ist an freie Verse vor allem der eine Anspruch zu stellen, daß ihre Abteilung überhaupt eine Funktion habe – sei es eine rhythmische oder eine semantische.

In einem Gedicht wie »plato told« beispielsweise ist beides gegeben.

Die a-syntaktische Versgliederung dient nicht nur dazu, einen eigenen Versrhythmus zu profilieren, sondern auch dazu, eine Art Kurzatmigkeit aus Empörung über soviel Unbelehrbarkeit zum Ausdruck zu bringen. Dabei werden zugleich bestimmte Schlüsselwörter des Gedichts durch ihre Plazierung am Versanfang oder am Versende, also jeweils vor oder nach einer akzentuierenden Pause, betont: immer wieder »told« oder »to tell« und »believe«, die man, gut strukturalistisch, als die beiden semantischen Zentren des Gedichts erweisen könnte.

Im übrigen spricht es für die Kunstfertigkeit, die technische Virtuosität eines Cummings, daß in diesem Gedicht fast jede Versabteilung rhythmisch oder semantisch begründbar ist. Das ist sicher nicht in jedem Gedicht so – und wohl auch billigerweise nicht zu verlangen. Doch dürfte eine freie Versgestaltung ästhetisch schon dann gerechtfertigt sein, wenn sie innerhalb eines Gedichts erkennbar wenigstens ein Mal eine eigene rhythmische oder semantische Funktion besitzt.

Bei Meistern freier Versgestaltung wie Brecht ist das auch durchaus der Fall. Er hat zum Beispiel gern syntaktisch einleitende adversative Konjunktionen wie ›aber‹ oder ›doch‹ an exponierte Stellen des Verses gesetzt, zumal an das Versende. Diese Stileigentümlichkeit hat eine tiefere Bedeutung; in ihr manifestiert sich mikroskopisch, was Brecht selbst die »Wahrnehmung gesellschaftlicher Dissonanzen«[33] genannt hat: eine spannungsreiche Form als Hinweis auf gespannte Verhältnisse.

4.

Die Einführung freier Verse markiert einen Bruch nicht nur zwischen der modernen und der vor-modernen, sondern auch innerhalb der modernen Lyrik. Die Begründer der modernen Lyrik, Baudelaire und Mallarmé, haben entschieden strenge Formen bevorzugt – und dies nicht etwa aus einer gedankenlosen oder halbherzigen Bindung an die Tradition heraus. Beide haben vielmehr intensiv über solche Formen nachgedacht und sich bewußt für sie entschieden. Mallarmé hat dabei sogar, wie sein Essay »Crise de vers« zeigt, den freien Vers in seine Überlegungen einbezogen. Daß er sich nicht entschließen konnte, ihn selbst zu verwenden, hat damit zu tun, daß in seinem poetologischen Konzept, ähnlich wie in dem Baudelaires, den Formen eine spezifische Funktion zukommt, die sie nur als gebundene erfüllen können. Für sie beide ist nämlich die Form, wie Hugo Friedrich schreibt, ein »Mittel der Rettung, aufs äußerste gesucht in einer aufs äußerste beunruhigenden geistigen Lage«: als das »Geschlossene und Ruhende« biete sie Rettung vor den »ruhelosen Gehalten«.[34]

Aus dieser Konstellation heraus entsteht eine spezifisch moderne Spannung zwischen Form und Inhalt, die Hugo Friedrich mit Recht »eine Grunddissonanz moderner Poesie« genannt hat.[35] Sie ist nicht bei Baudelaire und Mallarmé, wohl aber bei ihren Nachfolgern häufig aufgelöst worden – sei es durch einen bloß ästhetizistischen Form-Kult, wie ihn etwa Stefan George gepflegt hat, der auf ästhetische problematische Inhalte im Zweifelsfall verzichtet hat (was sich sogar noch in seiner selektiven Übersetzung der »Fleurs du Mal« zeigt); sei es durch die Entwicklung freier, den Inhalten gerade nicht mehr widerstehender Formen, wie sie sich bei Gustave Kahn und anderen finden. Was das Verhältnis von Form und Inhalt betrifft, trennt aber die Lyrik der ›kleinen Symolisten‹ und des ›deutschen Symbolisten‹ George viel von der der ›großen Symbolisten‹ – so viel, daß man zweifeln muß, ob sie alle überhaupt im selben Sinn als Symbolisten zu bezeichnen sind.

Die sozusagen klassische Form der symolistischen Dichtung ist das Sonett geworden. Seine Regelmäßigkeit, ja Strenge, seine Gegliedertheit, ja Konstruiertheit gab den Symbolisten Gelegenheit, nicht nur Form-Bewußtsein, sondern auch Form-Beherrschung zu zeigen – und das gleich in zweifacher Hinsicht: als Beherrschung *der* Form und Beherrschung *durch* Form. Alle großen Dichter, die man mit dem Symbolismus in Verbindung bringt, haben deshalb Sonette geschrieben – von Baudelaire und Mallarmé über George und Yeats bis zu Blok und Rubén Darío, von einem Virtuosen dieser Form wie Rilke nicht zu reden.

Angesichts eines solchen Form-Bewußtseins bei den Begründern der modernen Lyrik muß die Einführung des freien Verses nur umso kühner erscheinen. Die Kritik, die im 20. Jahrhundert an ihm geübt wird, ist jedoch ein Indiz dafür, daß er den gebundenen Vers nicht verdrängt hat. Bereits einige Propagandisten des *vers libre* sind ihm nicht lange treu geblieben. Jean Moréas oder Henri de Régnier etwa haben sich schon bald wieder strengeren Formen zugewandt. Auch Arno Holz hat in seinem »Phantasus« von 1916 erneut zahlreiche Reime verwendet und zugleich versucht, die – nicht mehr ganz so –

freien Verse durch »ein bestimmtes Zahlenverhältnis«[36] zu binden: Zahlenkomposition statt Metrik. Ezra Pound schließlich hat zwar noch lange freie Verse geschrieben, gleichzeitig aber auch die verschiedensten gebundenen Formen vom japanischen Haiku über die lateinische Ode bis zum provencalischen Troubadour-Lied studiert und erprobt.

Diese freiwillige Einschränkung formaler Freiheiten hat einen neuen Traditionalismus in der zweiten Generation moderner Lyriker vorbereitet. In den 20er und 30er Jahren zeigt sich allenthalben, als Gegenbewegung gegen die Bemühungen um den freien Vers, eine Hinwendung zu strengen, klassischen Formen. In Deutschland ist diese Bewegung vor allem mit dem Namen Gottfried Benns verbunden. Gerade er, der als lyrischer Avantgardist mit Gedichten in freieren Formen bekannt geworden war, schreibt seit Anfang der 20er Jahre seine Montage-Gedichte vorzugsweise in achtzeiligen Reimstrophen mit unterschiedlicher Hebungszahl und meist alternierenden, aber auch daktylischen Versmaßen. In Frankreich ist es besonders der – ohnehin schon immer konservativere – Paul Valéry, der sich wieder in klassischen Formen wie dem Sonett übt und damit an die Formstrenge der Symbolisten anschließt. In England macht sich in den 20er und 30er Jahren zumal der junge W. H. Auden als lyrischer Traditionalist einen Namen, der nicht davor zurückschreckt, den Spanischen Bürgerkrieg und später sogar noch die Mondlandung in griechischen Odenmaßen zu beschreiben. In den USA (in die Auden Ende der 30er Jahre emigriert) formiert sich in den 40er Jahren gleichfalls eine Gruppe junger formstrenger Lyriker, deren bekannteste Randall Jarrell und Richard Wilbur sind.

Die bemerkenswertesten und gültigsten dieser Versuche gehen über einen konservativen oder gar restaurativen Formalismus weit hinaus. Eliots Wort aus seinen »Reflections on *Vers libre*«, daß es wahre poetische Freiheit nur vor dem Hintergrund künstlicher Beschränkungen gebe, ließe sich hier geradezu umkehren: die neuen formalen Beschränkungen gelingen – wenn sie gelingen – nur vor dem Hintergrund künstlerischer Freiheit. Das zeigt sich besonders deutlich an Robert Lowells »Notebook« von 1970, einer auch in der modernen Lyrik einzigartigen Sammlung von einigen hundert Gedichten. Sie weisen alle die gleiche sonettähnliche Form auf, die Lowell selbst als »fourteen line unrhymed blank verse sections«[37] charakterisiert hat. Von dieser Form, die selbst schon Abweichung von einer Form, der

Sonett-Form, ist, erlaubt sich Lowell seinerseits immer wieder Abweichungen: »Mein Metrum«, schreibt er, »[...] ist ziemlich streng am Anfang und auch sonst, kommt aber in einzelnen Zeilen zur Freiheit der Prosa herunter«.[38] Unter den gebundenen Versen Lowells gibt es also auch Verse, die sich die Freiheit nehmen, frei zu sein. Das ist gut an dem Zyklus »Writers« zu sehen, der aus Gedichten über große Dichter wie T. S. Eliot, Ezra Pound, Ford Maddox Ford, William Carlos Williams und Robert Frost besteht. In ihnen allen wird zitiert – aber nicht etwa Verse, sondern oft witzige Gesprächsbemerkungen dieser Dichter, und es versteht sich, daß gerade solche Zitate die »Freiheit der Prosa« verlangen. Lowell bewahrt sich somit beide Möglichkeiten moderner Versgestaltung: die Bindung und die Freiheit – aber so, daß die Bindung vor dem Hintergrund der Freiheit und die Freiheit vor dem Hintergrund der Bindung erscheint.

5.

Genau diese Synthese hat auch die moderne Reimpoesie angestrebt. Unter dem Druck der Verhältnisse mußte sich sich im 20. Jahrhundert erneuern, wenn sie sich den Abstieg ins Kunstgewerbe ersparen wollte. Die Verfechter des freien Verses waren entschiedene Reim-Gegner, und sie hatten gute, ja schlagende Argumente. Arno Holz beispielsweise wollte in seiner »Revolution der Lyrik« den Reim gleich aus der deutschen Literatur »hinauskomplimentieren« – etwas voreilig, wenn man an seine späteren Gedichtbücher denkt, aber nicht ganz unbegründet. Holz sah im Reim nicht nur ein der deutschen Sprache fremdes Kunstmittel, das die Zahl der poetisch verwendbaren »Vokabeln« drastisch einschränke und so dem angestrebten freien Ausdruck im Weg stand. Er betrachtete ihn auch als ein verbrauchtes Kunstmittel, das »abgegriffen« und »langweilig« geworden war,[39] und die Erstarrung der zeitgenössischen Reimdichtung gab ihm zumindest in diesem Punkt recht.

Zu solcher ästhetischen hat sich seit den 30er Jahren eine politische Reimkritik gesellt. Nicht als einziger, aber am wirkungsvollsten hat sie Brecht formuliert, in seinem Exil-Gedicht »Schlechte Zeit für Lyrik«, in dem er den Reim als ein harmonistisches Kunstmittel entlarvte, das für die Darstellung einer zerrissenen Welt untauglich sei: »In meinem Lied ein Reim/ Käme mir fast vor/ wie Übermut«.[40] Durch solche, sei es ästhetische, sei es politische Reimkritik ist die gereimte Dichtung zusehends obsolet geworden. Der Reim wurde gemieden, zumal in der politischen Lyrik, die sich auf Brecht berief; und er wurde nicht selten der Lächerlichkeit preisgegeben – wie zum Beispiel in Ernst Jandls

rilke, reimlos

rilke
sagte er

dann sagte er
gurke

leise dann
wolke.[41]

Die Essays und Gedichte gegen den Reim haben auf der anderen Seite Verteidigungsschriften für den Reim geradezu provoziert. Einige von ihnen – wie Oskar Loerkes »Vom Reimen« oder Karl Kraus' »Der Reim« – haben sogar metaphysische Mächte zur Rechtfertigung des Reims bemüht.[42] Das wäre nicht unbedingt nötig gewesen. Denn die ästhetischen und politischen Vorbehalte gegen ihn ließen sich auch poetisch widerlegen: durch neue Prinzipien der Reimdichtung. Schon in seinem Aufsatz »A Few Don'ts by An Imagiste« hat Ezra Pound gefordert, daß der Reim ein gewisses Überraschungsmoment bieten solle: »some slight element of surprise«.[43] Das ist in gewisser Weise der oberste Grundsatz moderner Reimpoesie – und war es wohl schon vor Pound, wenn man etwa an Baudelaires oft ausgefallene Reime denkt.

Die Bemühungen um eine Erneuerung, eine ›Entautomatisierung‹ des Reims liefen vor allem darauf hinaus, ihn phonetisch und semantisch zu reformieren. Phonetisch besonders durch die Abkehr vom Prinzip der Reinheit, wie sie etwa durch eine – graduelle – Differenz der betonten Vokale, aber auch der abschließenden Konsonanten zu erreichen ist. Semantisch durch die Abkehr von altbekannten, sozusagen stehenden Reimverbindungen und die Erfindung von »extravaganten, monströsen oder bis dahin unbekannten« Reimpaaren,[44] wobei der Akzent häufig noch auf die semantische Diskrepanz der Reimwörter gelegt wurde. Ein Virtuose – und in Deutschland sogar: *der* Virtuose – dieser neuen Reimkunst ist Peter Rühmkorf, der unermüdlich Techniken ersinnt, selbst geschulte Ohren noch mit unerhörten Verbindungen zu überraschen.[45] In dieser Weise auf der Höhe moderner Reimtechnik ist zum Beispiel sein Gedicht

Hochseil

Wir turnen in höchsten Höhen herum,
selbstredend und selbstreimend,
von einem Individuum
aus nichts als Worten träumend.

Was bewegt uns – warum? wozu? –
den Teppich zu verlassen?
Ein nie erforschtes Who-is-who
im Sturzflug zu erfassen.

Wer von so hoch zu Boden blickt,
der sieht nur Verarmtes/Verirrtes.
Ich sage: wer Lyrik schreibt, ist verrückt,
wer sie für wahr nimmt, wird es.

Ich spiel mit meinem Astralleib Klavier,
vierfüßig – vierzigzehig –
Ganz unten am Boden gelten wir
für nicht mehr ganz zurechnungsfähig.

Die Loreley entblößt ihr Haar
am umgekippten Rheine . . .
Ich schwebe graziös in Lebensgefahr
grad zwischen Freund Hein und Freund Heine.[46]

Reime mit Fremdwörtern, Reime mit Namen, unreine Reime, gespaltene Reime, reiche Reime, extravagante, auf jeden Fall originelle Reime – das Gedicht hat fast alles an Überraschungen zu bieten, was moderne Reimlyrik ausmacht. Dabei ist es auch noch ein poetologisches Gedicht, das reflektiert, was es selbst praktiziert: die Sehnsucht eines Subjekts nach Identität, nach Übereinstimmung mit sich selber, nach Einheit und Unteilbarkeit, die sich gerade im Reimen (und in Reimen wie »-reimend« und »träumend«) ausdrückt, und die Erkenntnis ebenso starker Gegensätze und Unvereinbarkeiten, die Reime wie »verlassen« und »erfassen«, »blickt« und »verrückt«, »Haar« und »Lebensgefahr« anzeigen – bis in gespaltene Reime wie »Verirrtes« und »wird es« hinein. So wird in diesem Reimgedicht nicht nur das Selbstverständnis des Dichters als ein virtuosen (Reim-)Artisten faßbar, dessen Grundsatz die kalkulierte, ja raffinierte Originalität ist, sondern auch ein modernes Identitäts-Problem: der Reim als ein Zeichen für die Krise des Ich und zugleich als ein (Kunst-)Mittel ihrer Überwindung.

Durch technische und semantische Reformation, wie sie Rühmkorf betreibt, erhält der Reim eine neue Ausdruckskraft und ein neues Gewicht innerhalb des Gedichts. In seiner Zweideutigkeit als »Gleichgewichtsorgan und [. . .] Disproportionsanzeiger«,[47] die Harmonie wie Dissonanz suggerieren kann und Harmonie *in* der Dissonanz, gewinnt er eine Funktion, die freie Formen so nicht übernehmen können. Wo seine spezielle Semantik ausgenutzt wird, wie bei Rühmkorf, da kann er auch in seine alten Rechte als »Hauptdarsteller«, ja als »Offenbarungsmundstück des Verses«[48] wiedereingesetzt werden.

Nicht alle Bemühungen um eine Erneuerung des Reims laufen auf eine solche neuerliche Akzentuierung hinaus. Arno Holz hat beispielsweise im Geleitwort zu seinem »Phantasus« von 1916 vorgeschlagen, den Reim zwar wieder zu verwenden, ihm aber, »wie den *übrigen* überlieferten Hilfsmitteln, *sekundäre Bedeutung* zu belassen«.[49] Dazu biete es sich vor allem an, ihn nicht mehr »leierlich«, also regelmäßig, sondern nur noch in ungleichen Abständen einzusetzen – und gelegentlich immer wieder »spurlos« verschwinden zu lassen.[50] Man könnte bei dieser Technik von einem ›eingemischten Reim‹ sprechen – in Anlehnung an eine Formulierung von Karl Kraus, der in seinem Essay über den Reim den »eingemischten Nichtreim« empfohlen hat,[51] also das, was die Metriker eine »Waise« nennen. ›Eingemischte Reime‹ finden sich nicht bloß im Holzschen »Phantasus«, sondern bei zahlreichen modernen Lyrikern von T. S. Eliot und Wallace Stevens über Bert Brecht und Paul Celan bis zu Robert Creeley und Sylvia Plath. Ein frühes Beispiel für diese Technik ist Gottfried Benns Gedicht

Kleine Aster

Ein ersoffener Bierfahrer wurde auf den Tisch gestemmt.
Irgendeiner hatte ihm eine dunkelhellila Aster
zwischen die Zähne geklemmt.
Als ich von der Brust aus

unter der Haut
mit einem langen Messer
Zunge und Gaumen herausschnitt,
muß ich sie angestoßen haben, denn sie glitt
in das nebenliegende Gehirn.
Ich packte sie ihm in die Brusthöhle
zwischen die Holzwolle,
als man zunähte.
Trinke dich satt in deiner Vase!
Ruhe sanft,
kleine Aster![52]

In den fünfzehn, unterschiedlich langen Zeilen dieses Gedichts gibt es nur zwei Reime: in der ersten und der dritten, in der siebenten und der achten Zeile. Alle anderen Verse sind ungereimt – wenn man einmal die Wiederholung von »Aster« am Ende der zweiten und der letzten Zeile außer acht läßt. In seiner Mischung aus vielen freien und wenigen gebundenen Versen ist das Gedicht ein Beispiel für die Form-Auflösung, wie sie sich beim jungen Benn häufig findet, parallel zu der von ihm immer wieder beschworenen Ich-Auflösung.

In dem Gedicht Benns sind die Reime ohne größere Mühe zu erkennen. Der ›eingemischte‹ Reim kann allerdings auch ein geradezu versteckter Reim sein – dann nämlich, wenn die Reimwörter weit voneinander entfernt plaziert werden. Das ist etwa der Fall in Eugenio Montales achtzeiligem Gedicht »A Liuba Che Parte« (»Abschied von Liuba«), in dem lediglich (und wie beiläufig) der erste und der letzte Vers gereimt sind.

Der ›eingemischte Reim‹ verdankt sich einer Aufhebung des Reimzwangs. Er stellt aber nicht nur eine freiere, also unregelmäßigere und dadurch beweglichere Handhabung des Reims dar; er bedeutet zugleich eine Entlastung des Reims – eine Entlastung nämlich von all den semantischen Funktionen, die er bei Dichtern wie Rühmkorf zurückgewonnen hat. In den Bemühungen um eine Erneuerung der Reimlyrik repräsentiert er die kleine Lösung.

Den dritten Weg zwischen Gewichtung und Entlastung des Reims hat ein Dichter wie Rilke gewählt. Schon in seinen »Neuen Gedichten« finden sich zahlreiche Reimgedichte, zumal Sonette, die neben bedeutungsschweren auch ganz bedeutungslose Reimwörter aufweisen. Hatte Stefan George noch gefordert, daß »zwischen den durch den reim verbundenen worten« eine »innere verbindung«[53] bestehen solle und entsprechend vorwiegend Substantive in Reimposition verwendet, so gebraucht Rilke, neben Substantiven, Verben und Adjektiven, gern Pronomen, Konjunktionen und Artikel als Reimwörter. So etwa in den Terzetten seines Sonetts »Buddha«:

> Wüßte einer denn zu sagen, welche
> Dinge eingeschmolzen wurden, um
> dieses Bild auf diesem Blumenkelche
>
> aufzurichten: stummer, ruhiggelber
> als ein goldenes und rundherum
> auch den Raum berührend wie sich selber.[54]

Durch den Wechsel zwischen bedeutungsschweren und bedeutungslosen Reimwörtern (wie »welche«/»Blumenkelche«), der oft wiederum durch den Wechsel vom Zeilenstil zum Enjambement unterstützt wird, gelingt es Rilke, den Reim mal – semantisch und rhythmisch – zu betonen und mal zu überspielen. Wo er schließlich sogar ein Reimpaar aus zwei bedeutungslosen Wörtern wie »um« und »herum« bildet, da erhält der Reim vor allem eine ›musikalische‹ Funktion.

Moderne Lyriker sind allerdings nicht unbedingt jeweils ausschließlich auf die große Lösung der Gewichtung oder die kleine Lösung der Entlastung des Reims festgelegt, wie man etwa an Vladimir Majakovskij sehen kann. In seinem Essay »Wie macht man Verse« hat er für seine Reimgedichte die unterschiedlichsten Prinzipien angeführt. So betont er auf der einen Seite, der Endreim sei »nur *eine* Methode unter unendlich vielen Methoden der Versverknüpfung«: man könne auch »Versanfänge reimen« oder »das Versende mit dem nächsten Versanfang reimen«[55] – und so jeweils Aufmerksamkeit vom Endreim abziehen. Auf der anderen Seite hebt Majakovskij jedoch hervor, daß der Endreim, wenn er Verwendung finde, auch Aufsehen erregen solle:

> Ich setze immer das charakteristische Wort an das Vers*ende* und hole dazu um jeden Preis einen Reim heran. Im Ergebnis sind meine Reime fast immer ungewöhnlich. Jedenfalls sind sie vor mir nicht verwendet worden und im Reimlexikon nicht zu finden.[56]

Seine Begründung dafür zielt ganz auf eine neuerliche Betonung des Reims:

Der Reim hält die Verse zusammen. Daher muß er aus einem Material bestehen, das stärker ist als das Material, das für die übrigen Bestandteile des Verses verwendet wurde.[57]

Die verschiedenen Verwendungsweisen des Reims in der Lyrik des 20. Jahrhunderts deuten auf ein höchst spannungsreiches, ja gebrochenes Verhältnis der Dichter zu diesem Kunstmittel hin: auf ein Schwanken zwischen Bewahrung, Auflösung und Erneuerung. Viel von dieser Ambivalenz hat Eugenio Montale, ein anderer Meister des Reims, in seinem poetologischen Gedicht »Le rime« ausgedrückt. Voll Ironie und Selbstironie spricht es davon, wie sich die Reime einem modernen Lyriker ›aufdrängen‹; und es *spricht* nicht nur davon, sondern *zeigt* auch, wie er versucht, dieser Bedrängnis kunstvoll Herr zu werden. Darin ist es repräsentativ, zumindest für eine Haltung moderner Lyriker zum Reim:

Le rime

Le rime sono più noiose delle
dame di San Vincenzo: battono alla porta
e insistono. Respingerle è impossibile
e purché stiano fuori si sopportano.
Il poeta decente le allontana
(le rime), le nasconde, bara, tenta
il contrabbando. Ma le pinzochere ardono
di zelo e prima o poi (rime e vecchiarde)
bussano ancora e sono sempre quelle.

Die Reime

Die Reime sind lästiger als die frommen Frauen
des Vinzentiusordens. Sie klopfen an die Tür
und drängen herein. Unmöglich, sie zurückzuweisen,
und man erträgt sie, wenn sie draußen bleiben.
Der rechte Dichter hält sie fern,
(die Reime), er tarnt sie, blufft, versucht sie
einzuschmuggeln. Aber die Bettelschwestern glühen
vor Eifer und früher oder später klopfen sie
(die Reime und die Alten) wieder an, sind immer noch die gleichen.[58]

IV. Eine Synthese der Künste

Moderne Lyrik, bildende Kunst und Musik

1.

Als Guillaume Apollinaire 1917 seine Rede »L'Esprit nouveau et les poëtes« (»Der neue Geist und die Dichter«) hielt, projektierte er u. a. eine »Synthese der Künste«, »der Musik, der Malerei und der Literatur«.[1] Er mochte dabei besonders an eine Verbindung von Lyrik und Graphik gedacht haben. Denn im folgenden Jahr erschienen seine »Calligrammes«, eine Sammlung von mehr als 20 Umriß- oder Figurengedichten, die eine solche Synthese versuchten. Ihnen beigegeben war bezeichnenderweise ein Porträt des Dichters von Picasso. Denn wie Apollinaire aufmerksam die Arbeiten zeitgenössischer Maler zur Kenntnis nahm, zu denen neben Picasso vor allem Braque, Matisse und Modigliani zählten (mit denen allen er auch persönlichen Umgang pflegte), so weckten umgekehrt seine Veröffentlichungen die Neugier mancher Künstler. Diese wechselseitige Beachtung hatte ihren guten Grund. Apollinaire interessierte sich z. B. schon früh für die Collagen Picassos und Braques, weil sie Sprachfetzen in ihre Bilder integrierten und so die Malerei der Literatur annäherten. Die Maler wiederum interessierten sich für seine Gedichte v. a. wegen ihres graphischen Charakters, der in der Betonung der Schrift, sei es als Handschrift oder als Schönschrift, liegt, und wegen der Anordnung der Texte zu Figuren, die in der Tradition der antiken Technopaignien steht – beides Momente einer Annäherung der Literatur an die Malerei.

Wegen seiner graphischen Experimente gebührt Apollinaire ein besonderer Platz in der Geschichte der modernen visuellen Poesie.[2] Gleichwohl ist er nur *ein* Beispiel für das enge Verhältnis von Lyrik und bildender Kunst im 20. Jahrhundert. Berührungen zwischen ihnen gibt es allenthalben. Schon die drei großen internationalen

Richtungen der modernen Lyrik haben jeweils Parallelen in der Malerei gefunden. Fast gleichzeitig mit der symbolistischen Literatur entsteht, ungefähr seit den 60er Jahren des 19. Jahrhunderts, eine symbolistische Malerei, der in erster Line Gustave Moreau zugerechnet wird, aber beispielsweise auch Arnold Böcklin, ja selbst Paul Gauguin.[3] Fast von Anfang an in beiden Künsten gleichermaßen zu Hause ist dann der Futurismus; in Deutschland, ähnlich wie in England, erregen sogar die fünf futuristischen Maler der ersten Stunde – Boccioni, Severini, Russolo, Carrà und Balla – zunächst mehr Aufsehen als ihre Dichterkollegen, Marinetti eingeschlossen.[4] Auch zur surrealistischen Bewegung gehören schon bald Maler nicht weniger als Dichter, also zum Beispiel Max Ernst, Dalí und Picasso ebensogut wie Breton, Aragon und Eluard. In allen drei Fällen handelt es sich nicht um ein bloßes Nebeneinander von Lyrik und Malerei. Die symbolistischen Maler verbindet mit den symbolistischen Dichtern etwa die Orientierung an einer ›Ästhetik des Häßlichen‹, wie sie Baudelaire schon früh entwickelt hat.[5] Die futuristische Lyrik teilt mit der futuristischen Malerei u. a. den eigentümlichen Dynamismus.[6] Und die surrealistische Malerei hat mit der surrealistischen Lyrik nicht zuletzt die Verwendung der Collage- oder Montagetechnik gemeinsam.[7]

Lyrik und Malerei treten im 20. Jahrhundert zunehmend in eine Wechselbeziehung. Die modernen Lyriker sind oftmals stark visuell interessiert. Das beginnt schon mit Rimbaud, der in seinen sogenannten »Lettres du voyant« (»Seher-Briefe«) forderte, der Dichter müsse *»Seher«* sein (»être *voyant*«) und sich *»sehend* machen« (»se faire *voyant*«) – und zwar, wie er hinzufügte, »durch eine lange, unermeßliche und planmäßige Ausschweifung *aller Sinne*«.[8] Ein ›Seher‹ war auch der Rilke der »Neuen Gedichte«; er ist ›sehend‹ geworden nicht zuletzt durch seine Begegnung mit den Gemälden Paul Cézannes im Oktober 1907: die »Sachlichkeit seines Anschauens«[9] wurde ihm zum Vorbild für die eigene sachlich anschauende Ding-Dichtung. Ebenfalls auf ein neues Sehen aus waren, nur wenig später, die englischen und amerikanischen Imagisten, und sie ließen sich dabei besonders von der kubistischen Malerei beeinflussen.[10] »Augen-Poesie«[11] ist schließlich noch in besonderer Weise die surrealistische Lyrik, am deutlichsten bei Eluard: wenn es *ein* surrealistisches Gedicht gibt, das sich einem neuen Sehen verschrieben hat, dann ist es sein »Leurs yeux toujours purs«.

Am engsten muten in der Moderne die Beziehungen zwischen Lyrik und bildender Kunst bei einigen Künstlern an, die man als »Doppelbegabungen‹ apostrophiert: Maler, die gedichtet, und Dichter, die gemalt haben. Zu den dichtenden Malern lassen sich beispielsweise Edgar Degas, Pablo Picasso, Salvador Dalí, Egon Schiele oder Ernst Barlach zählen; zu den malenden Dichtern etwa Rafael Alberti, der als kubistischer Maler angefangen hat, bevor er zum Lyriker wurde, sein Konkurrent Federico García Lorca, der sich auch als Zeichner und Illustrator seiner eigenen Bücher versucht hat, schließlich W. C. Williams, der in seiner Jugend zwischen Malerei und Literatur schwankte. Die meisten dieser Doppelbegabungen haben es jedoch in der jeweils anderen Kunst nicht zu großer Meisterschaft gebracht. Das unterscheidet sie von einigen Künstlern, bei denen man kaum sagen kann, ob sie ›eigentlich‹ Dichter oder Maler sind, weil sie beides gleichermaßen waren: E. E. Cummings, der »poet and painter« (wie er sich nannte), Kurt Schwitters, der Begründer der Konkreten Poesie in Deutschland, und Hans Arp, der dadaistische Dichter, Maler und Bildhauer.

Schon diese Beispiele lassen ahnen, daß die modernen Lyriker – einerlei, ob sie selbst gemalt haben oder nicht – von der Malerei auf verschiedenste Weise profitiert haben. Vor allem drei Möglichkeiten zeichnen sich im Großen ab. Es gibt erstens Dichter, die ihr Verständnis von moderner Lyrik wesentlich aus der Beschäftigung mit zeitgenössischer Malerei gewonnen haben. Es gibt zweitens Lyriker, die Werke der bildenden Kunst und Künstler zum Gegenstand ihrer Gedichte gemacht haben. Und es gibt drittens Poeten, die versucht haben, ihre Texte um eine visuelle Komponente zu erweitern. Für den ersten Typus kann – neben Rilke – besonders Baudelaire stehen; für den zweiten stehen – neben Baudelaire – etwa Auden, W. C. Williams und Alberti; und für den dritten schließlich Mallarmé und Marinetti.

2.

Baudelaire gilt bis heute als einer der bedeutendsten französischen Kunstkritiker des 19. Jahrhunderts. Seit 1845 hat er in seinen »Salons« regelmäßig über Ausstellungen zeitgenössischer Maler berichtet und sich mit diesen Arbeiten als Kunstkritiker einen Namen gemacht, bevor er sich einen als Lyriker erwarb. Die Kunstkritik betrieb er nicht allein als Broterwerb. Schon in seiner Kindheit, bekennt er in einer autobiographischen Aufzeichnung, habe er eine »fortdauernde Neigung zu allen bildlichen Darstellungen« gefaßt.[12] Wie sein Vater hat er Bilder gesammelt – und sich dabei hoch verschuldet. In seinem Besitz waren u. a. Gemälde von Poussin, Velàsquez, Tintoretto, El Greco und Delacroix (ob sie alle echt waren, ist freilich nicht geklärt). Baudelaire suchte außerdem den Umgang mit Malern, außer mit Delacroix verkehrte er etwa mit Courbet und Manet, und er versuchte sich, ebenfalls wie sein Vater, gelegentlich selbst als Zeichner.

Baudelaires historische Leistung als Kunstkritiker ist die Verteidigung des Kolorismus, dem er mit seinem Traktat »De la couleur« (»Über die Farbe«) eine der »feinsinnigsten und bestformulierten Apologien« geschenkt hat.[13] Sein Eintreten für den Kolorismus ist von seinem Einsatz für Eugène Delacroix nicht zu trennen, in dem er schon 1845 den »originellsten Maler der alten wie der modernen Zeit«[14] gesehen hat. Seine Zeitgenossen waren da oft anderer Meinung; Delacroix war lange Zeit umstritten, nicht nur seiner exotischen und schwülen Sujets, sondern auch seiner Technik wegen. Typisch für sie ist die Abschwächung harter Konturen durch eine Vielzahl kleiner Pinselstriche, die Ersetzung glatter Farbflächen durch Flecken und die farbige Beleuchtung der Gegenstände.[15] All das machte ihn zum Antipoden des ungleich geachteteren und erfolgreicheren ›Zeichners‹ Ingres. Baudelaire hat die Experimente Delacroix' verteidigt, ja gelobt, weil er sie als Versuch begriff, der Farbe eine expressive Funktion zu verleihen.

Die Beschäftigung (und der Umgang) mit Delacroix hat Baudelaires Verständnis von Malerei und, darüber hinaus, seine Auffassung der Kunst insgesamt so tief geprägt wie sonst vielleicht nur noch sein Studium der Werke Edgar Allen Poes. Delacroix war für Baudelaire, den malenden Dichter, »das Muster des Dichter-Malers«:[16] »ein Dichter in der Malerei«.[17] Damit meinte Baudelaire nicht bloß, daß Delacroix gern literarische Sujets aufgriff – wie in seinen Gemälden »Ovid im Exil« oder »Dante und Vergil«. Delacroix besaß vielmehr eine Eigenschaft, die Baudelaire dem wahren Dichter zuschrieb: die »innige Vertiefung« in den »Gegenstand«,[18] die Treue zum »Ideal«.[19] Der Grund dafür, daß die Dichter Delacroix liebten, schreibt Baudelaire 1855, sei die »wesentlich literarische Beschaffenheit« seines Talents:

Nicht nur hat seine Malerei stets mit Erfolg das Feld der hohen Literatur durcheilt, nicht nur hat sie Ariost, Byron, Dante, Walter Scott, Shakespeare übersetzt und Umgang mit ihnen gepflogen, – diese Malerei ist auch imstande, uns Ideen zu offenbaren, die einer höheren Ordnung angehören [. . .][20]

›Hohe Literatur‹ zu ›übersetzen‹ und »Ideen zu offenbaren«: das ist für Baudelaire vor allem eine Leistung der »imagination«, der Einbildungskraft. Schon im »Salon 1846« bemerkt er, Delacroix eröffne »der wanderfreudigsten Phantasie weite Wege, die in die Tiefe führen«.[21] Und noch im »Salon 1859« erklärt er das Genie des Malers mit ähnlichen Worten:

Man könnte sagen, er sei mit einer reicheren Einbildungskraft begabt und dank dieser drücke er vor allem das Geheime des Geistes, die ungewöhnliche Seite der Dinge aus, so sehr bewahrt sein Werk getreulich den Stempel und die Stimmung seiner Auffassung. Das Unendliche im Endlichen! Der Traum! und ich verstehe unter diesem Wort hier nicht das nächtliche Durcheinander, sondern die Vision, wie sie eine beharrliche Meditation oder, in weniger fruchtbaren Köpfen, ein künstliches Reizmittel hervorbringt.[22]

»Imagination«: Einbildungskraft, Phantasie – das ist das Zauberwort Baudelaires. Das dritte Kapitel des »Salon 1859« ist ganz der »imagination« gewidmet, der »Königin der Fähigkeiten«, wie Baudelaire im Anschluß an Edgar Allen Poe schreibt:

Die Einbildungskraft hat den Menschen die sittliche Bedeutung der Farbe, des Umrisses, der Klänge und Düfte gelehrt. Sie hat, am Anfang der Welt, die Analogie und die Metapher geschaffen. Sie zerlegt die ganze Schöpfung, und mit den angehäuften Materialien, die sie nach Regeln anordnet, deren Ursprung in den tiefsten Tiefen der Seele zu suchen ist, schafft sie eine neue Welt, ruft sie die Empfindung des Neuen hervor.[23]

»Einbildungskraft«, »Empfindung des Neuen«, »Tiefen der Seele«: Baudelaire hat diese Ausdrücke im 5. Kapitel wieder aufgegriffen, um das Genie Delacroix' zu charakterisieren. Gleichwohl geht die Bedeutung dieser Stelle über eine Charakteristik des Malers hinaus. Von den Interpreten des Lyrikers Baudelaire ist sie immer wieder als Zentrum seiner Ästhetik angesehen worden – und durchaus mit Recht. Denn »imagination« ist Baudelaires »Schlagwort im Kampf gegen die Ästhetik der Realisten« gewesen[24] – in der Malerei wie in der Literatur.

Wenn man seine eigene Kunsttheorie auf den Punkt bringen wollte, könnte man sie tatsächlich als eine Ästhetik der »imagination« bezeichnen – und das heißt zugleich: als eine Ästhetik des Anti-Realismus, der Verfremdung. Baudelaire hat, im »Salon 1859«, zwischen zwei Typen von Künstlern unterschieden, »den Imaginativen und den sogenannten Realisten«,[25] und keinen Zweifel daran gelassen, welcher Gruppe er sich selbst zugehörig fühlte. Die schöpferische Phantasie des Künstlers aber ist ihm nirgendwo so *anschaulich* geworden wie in den Gemälden Delacroix'.

3.

Spuren von Baudelaires Beschäftigung mit Delacroix finden sich auch in seiner Lyrik, zumal in zwei Gedichten: »Sur 'Le Tasse En Prison' D'Eugène Delacroix« und »Les Phares«. Das erste von beiden ist einem Gemälde gewidmet: der zweiten Fassung von Delacroix' »Tasso im Kerker«, die im Herbst 1843 in der Gemäldegalerie der Buchhandlung Techener im Bazar Bonn-Nouvelle ausgestellt worden ist und die Torquato Tasso, den Dichter des »Befreiten Jerusalem« (»La Gerusalemme liberata«), der sieben Jahre als vermeintlich Geistesgestörter festgehalten worden war, im Irrenhaus zeigt. »Sur 'Le Tasse En Prison'« steht in der Tradition der überwiegend deskriptiven Bild-Gedichte. Es ist, in den beiden Quartetten und im ersten Terzett, zunächst nicht mehr als eine – allerdings sehr kunstvolle – Beschreibung des Delacroixschen Gemäldes. Im letzten Terzett jedoch fügt es der poetischen Beschreibung eine poetische Deutung der »Idee« des Bildes hinzu:

Ce rêveur que l' horreur de son logis réveille,
Voilà bien ton emblème, Ame aux songes obscurs,
Que le Réel étouffe entre ses quatre murs!

Dieser Träumer, den das Grauen seiner Behausung aus dem Schlaf reißt: dies ist wahrhaftig dein Emblem, du Seele voll dunkler Süchte, die zwischen den vier Wänden der Wirklichkeit erstickt.[26]

In diesen drei Versen formuliert Baudelaire – ganz im Sinn seiner Bemerkungen über Delacroix von 1859 – als Dichter die symbolische

»Idee« des Dichter-Malers Delacroix: Das Poetische des Gemäldes bringt er als Poet zur Sprache. Genau dies: daß sich ein »Bild« in dem »einsichtigen und einfühlsamen Geist« eines Dichters »spiegelt«,[27] verstand Baudelaire unter wechselseitiger Erhellung der Künste. Im »Salon 1846« schreibt er deshalb, daß »die beste Besprechung eines Bildes ein Sonett oder eine Elegie sein« könne[28] – wie er umgekehrt 1855 von Delacroix gesagt hat, daß er hohe Literatur ›übersetzt‹ habe. Sein eigenes Gedicht über Delacroix' »Tasso im Kerker« ist ein Beispiel für diesen fortgesetzten Dialog zwischen Lyrik und Malerei: es ist die ›Besprechung‹ eines Bildes, das Literarisches ›übersetzt‹ hat.

»Les Phares« ist, im Unterschied zu »Sur 'Le Tasse En Prison'«, kein Bild-Gedicht im strengen Sinn, eher eine Reihe von Kurz-Charakteristiken einzelner Maler, und zwar im einzelnen von Rubens, Leonardo da Vinci, Rembrandt, Michelangelo, Puget, Watteau, Goya und, unvermeidlich, Delacroix. Lassen sich auch gelegentlich Bezüge zu einzelnen Werken der Maler ausmachen – bei Leonardo scheint Baudelaire vor allem an die »Heilige Anna selbdritt« und die »Mona Lisa« gedacht zu haben, bei Michelangelo an das »Jüngste Gericht« –, so sind doch nicht alle Strophen derart zu konkretisieren, am wenigsten vielleicht die über Delacroix, den einzigen zeitgenössischen Maler, den Baudelaire erwähnt. Da heißt es:

Delacroix, lac de sang hanté des mauvais anges,
Ombragé par un bois de sapins toujours vert,
Où, sous un ciel chagrin, des fanfares étranges
Passent, comme un soupir étouffé de Weber;

Delacroix, Blutsee, von bösen Engeln überflogen, umschattet von immergrünem Fichtenwald, wo unter tiefvergrämtem Himmel seltsame Fanfaren vorbeiziehn, wie von Weber ein erstickter Seufzer.[29]

Baudelaires Auffassung von der ›Spiegelung‹ der Einbildungskraft des einen Künstlers im Werk eines anderen entspricht es, daß er in seinem Bericht über die Pariser Weltausstellung, Delacroix charakterisierend, diese Strophe selbst zitiert und kommentiert hat:

Blutsee: das Rot; – *von bösen Engeln überflogen:* Supranaturalismus; – *immergrüner Fichtenwald:* das Grün, die Komplementärfarbe des Roten; *tiefvergrämter Himmel:* der aufgewühlte, gewittrige Hintergrund seiner Bilder; – die *Fanfaren* und *Weber:* Vorstellungen von romantischer Musik, wie die Harmonie seiner Farben sie in uns wecken.[30]

Es ist kennzeichnend für Baudelaire, daß er in seinem Kommentar weniger die Gegenstände und Themen Delacroix' hervorhebt (dessen Neigung zur Exotik ihn kaum unbeeindruckt gelassen hat) als dessen bevorzugte Farben und Kompositionstechnik. Er betont auch hier den Ausdruckswert der Farbe (Rot vs. Grün) und stilisiert Delacroix dabei zum ›imaginativen‹, nicht-realistischen, expressiven Maler.

Bemerkenswerter aber noch als das, *was* Baudelaire an Delacroix charakterisiert, ist, *wie* er ihn charakterisiert. Selbst ganz ›imaginativ‹ entwirft er, typische Motive und Farben des Malers wie Materialien benutzend, eine ideale oder idealtypische Bild-Szenerei. Dieser Akt der Phantasie entspricht dabei dem ›Supranaturalismus‹ des Malers – bis hin zur Assoziation romantischer Musik in der Art Carl Maria von Webers, die der Dichter, als seltsam unwirklich wehende Klänge, in das selbstentworfene Bild hineindenkt. Auch das ist eine für Baudelaire bezeichnende ›Synthese der Künste‹ – vorgenommen im Zeichen einer ›supranaturalistischen‹, nicht mehr realistischen Lyrik, unter Berufung auf eine ebenso ›imaginative‹ Malerei.

4.

»Sur 'Le Tasse En Prison'« und »Les Phares« können für zwei typische Möglichkeiten der Bezugnahme auf Werke der bildenden Kunst in moderner Lyrik stehen: »Sur 'Le Tasse En Prison'« für das eher traditionelle, beschreibende Bild-Gedicht, »Les Phares« für das eher imaginative, charakterisierende Gedicht über bildende Kunst und Künstler. Die Tradition des deskriptiven Bild-Gedichts hat im 20. Jahrhundert besonders William Carlos Williams fortgesetzt und besonders in seinem späten Zyklus »Pictures from Brueghel« (1962), einer Sammlung von 10 Beschreibungen Breughelscher (oder Breughel zugeschriebener) Gemälde. Der Realist Breughel, der ›Bauern-Breughel‹, der Maler alltäglicher Szenen aus dem Leben der ›kleinen Leute‹, dient Williams dabei als malerisches Vor-Bild seiner eigenen

›objektiven‹, modern-realistischen Lyrik in der Nachfolge des Imagismus: realistische Gemälde realistisch beschreibend, vergewissert sie sich ihres eigenen Verfahrens.

I salute
the man Brueghel
    who painted
what he saw
	Ich grüße
	den Mann Breughel
	    der malte
	was er sah

heißt es im 5. Buch von »Paterson«:[31] Williams hat in seinen Bild-Gedichten beschrieben, was *er* auf (mehr als *in*) den Gemälden Breughels sah.

Nicht immer sind moderne Gedichte auf Bilder so deskriptiv wie die Williams'. W. H. Auden hat eines seiner schönsten Gedichte, »Musée des Beaux Arts«, einem Gemälde Breughels, der »Landschaft mit dem Sturz des Ikarus«, gewidmet, das auch Williams beschrieben hat. Anders als das durchweg deskriptive Gedicht von Williams ist das von Auden nur im zweiten Teil Bild-Beschreibung; im ersten unternimmt es den Versuch, die – in diesem Fall wohl eher philosophische – ›Idee‹ des Bildes zu formulieren:

About suffering they were never wrong,
the Old Masters [. . .]

Über das Leiden wußten sie gut Bescheid,
die Alten Meister [. . .][32]

Bei Auden ist, im Vergleich mit Baudelaires Gedicht auf Delacroix' Tasso-Gemälde, die Reihenfolge von Beschreibung und Ausdeutung, von Deskription und Reflexion umgekehrt – so als wollte er damit bedeuten, daß das Bild ›nur‹ die anschauliche Darstellung einer allgemein-philosophischen ›Idee‹ sei. Gleichwohl ist auch in seinem Fall das Gedicht Deutung des Gemäldes: es formuliert abstrakt, was das Bild konkret-gegenständlich darstellt.

Wenn es auf der einen Seite vor allem William Carlos Williams ist, der die Tradition des deskripitiven Bild-Gedichts in der Moderne fortgeführt hat, so ist es auf der anderen Seite vor allem Rafael Alberti, der die Tradition des imaginativen Gedichts über bildende Kunst und Künstler weitergeschrieben hat: in seinem Buch »A la

Pintura« (»An die Malerei«), das insgesamt 53 Gedichte enthält, 32 davon über europäische Maler von Piero della Francesca bis zu Renato Guttuso. Einige (wenige) von ihnen, wie das über Botticelli, stehen dem deskriptiven Bild-Gedicht nahe; die weitaus meisten jedoch sind Maler-Porträts oder -Charakteristiken in der Nachfolge von Baudelaires »Les Phares« – nicht zuletzt das über Delacroix. Fast die Hälfte der Gedichte aber gilt weder einzelnen Gemälden noch einzelnen Malern, sondern Farben (Blau, Rot, Gelb, Grün, Schwarz und Weiß), ja der Farbe allgemein (»Al color«), ferner der Perspektive, der Komposition, der Bewegung und der Nacktheit von Akten. Diese Reihe wird eröffnet durch das Einleitungsgedicht »A la Pintura«, das nicht mehr, wie Baudelaires »Les Phares«, über einzelne *Maler,* sondern nur noch über die *Malerei* spricht – allerdings auch dies ganz imaginativ. Imaginativ insofern, als es nicht nur synästhetische Metaphern bemüht wie »color, sonoro empeño« (»Farbe, klangvolles Bemühen«, Vers 9), sondern auch keinem gegenständlichen Zusammenhang folgt. Darin ist das Gedicht jedoch seinem Objekt – oder seiner Auffassung des Objekts – vollkommen angemessen. Denn wie Baudelaire charakterisiert Alberti die Malerei als eine ›imaginative‹ Kunst: »imaginación« (»Einbildungskraft«, Vers 3), »fingida realidad del sueño« (»erfundene Wirklichkeit des Traums«, Vers 12), »materia plástica palpable« (»Materie, bildsam, fühlbar«) sind einige Schlüsselworte des Gedichts. Bezeichnenderweise ist in ihm zwar von Form, Farbe, Linie und Fläche, nicht aber von Motiven und Sujets die Rede. Die Kunst, suggeriert Alberti, schafft sich ihre eigene traumhafte Realität – und beinah wie von selbst, fast automatisch, wie es im Schlußvers bedeutet wird:

A ti, mano, pintor de la pintura[33]

An Dich, Hand, Maler des Gemäldes.

In diesem Gedanken mag Alberti von Theorien des Surrealismus (etwa über die »écriture automatique«) beeinflußt sein. Insgesamt drückt sich aber in seinem Gedicht ein Verständnis der Malerei aus, das seit Baudelaire zum Bestand moderner Kunsttheorie und zumal der Kunsttheorie moderner Lyriker gehört.

5.

Eine neue Qualität erlangt das Verhältnis der Lyrik zur Malerei in der Visuellen Poesie. Sie setzt, in der Moderne, mit Mallarmés 1897 erschienenem Gedicht »Un Coup de Dés« ein (über dessen Drucklegung er starb). Seine graphische Eigentümlichkeit zeigt sich, außer am Fehlen der Interpunktion, vor allem an der Auflösung des üblichen Schriftbildes und der typographischen Hierarchisierung. Die einzelnen Wörter und Verse werden, ohne eine erkennbare Links-, Rechts- oder Mittelachse, in unterschiedlich großen Abständen über die jeweilige Seite verteilt, und sie sind in neun verschiedenen Schriftgrößen gesetzt, die den Unterschied zwischen über- und untergeordneten Motiven andeuten sollen. Zentral ist der in Großbuchstaben (Didot) gesetzte Satz: »Un coup de Dés jamais n'abolira le hasard«.[34] Ein vieldeutiger Satz: »Dés« heißt nicht nur »Würfel«, sondern erinnert auch an »Dé« für »Dieu« (»Gott«); »hasard« heißt »Zufall« und bezeichnet zugleich ein Würfelspiel. Auch der Satz ist offenbar ein Spiel - mit Mehrdeutigkeiten.

Die Schrift des Gedichts kann, wie es Mallarmé im Vorwort angeregt hat, als Partitur gelesen werden: die verschiedenen Schriftgrößen würden dann etwa unterschiedliche Lautstärken, die verschiedenen Abstände unterschiedliche Geschwindigkeiten des Vortrags anzeigen. In dieser Partitur-Funktion geht das Schriftbild des Gedichts jedoch nicht auf. Es ist auch ein Bild: Seite für Seite komponiert – für einen visuellen Eindruck. Dabei mag es dahingestellt bleiben, ob »Un Coup de Dés« tatsächlich das »erste abstrakte visuelle Gedicht«[35] ist oder ob die Anordnung der Wörter nicht doch gelegentlich an der Umrißgestalt konkreter Gegenstände ausgerichtet ist.

Von Mallarmé ausgehend (und oftmals von ihm beeinflußt), hat sich die moderne Visuelle Poesie rasch entwickelt. Sie umfaßt, um nur einige Beispiele anzuführen, Christian Morgensterns »Die Trichter«, Hugo Balls »Karawane«, Apollinaires »Calligrammes«, Bretons »Pièce fausse« (»Falsches Stück«) und E. E. Cummings »r-p-o-p-h-e-s-s-a-g-r«. In all diesen Gedichten hat sich die Lyrik mit der Graphik, wenn nicht sogar mit der Malerei verbunden: zu einer optischen Dichtung, die gelesen und gesehen werden muß – und nicht mehr unbedingt vorgetragen werden kann. Es ist eine Literatur nicht für das Ohr, sondern für das Auge. Das Wort ist an die Schrift gebunden und die Schrift an das Bild.

Die Visuelle Poesie drängt allerdings aus der Lyrik hinaus, weniger durch die allmähliche Abwendung vom Figuren- und Umrißgedicht und die Hinwendung zum ›abstrakten visuellen Gedicht‹ als vielmehr durch die Aufgabe der Versgliederung. Schon Marinettis futuristisches Werk »Le soir, couchée dans son lit, el relisait la lettre de son artilleur au front« ist dafür ein Beispiel. Es enthält keinen vollständigen Satz mehr, nur einzelne Wörter und Parolen (»Guerra ai tedesco fili« oder »verdi«), einige Lautmalereien (»SCRABrrRrraaNNG«), eine Zeichnung, die Silhouette einer Frau, die im Liegen liest, und zwar den Brief »ihres« Artilleristen von der Front, wie der Titel verrät, schließlich Kurven, Haken und Linien. Das ist gedacht als ein Brief von der Front, zugleich als dessen Lektüre und poetologische Reflexion (»futurista«). Das Zauberwort dabei heißt: »SIMULTANEITA« – Gleichzeitigkeit. Ein Gedicht ist das allerdings nicht mehr, eher ein Wort-Bild, in dem es keine Verse mehr gibt, nur noch Wörter in Freiheit.[36]

Diese Tendenz zur Aufgabe der Vers- und Gedichtform in der Visuellen Poesie des 20. Jahrhunderts zeigt sich auch an traditionelleren Figuren-Gedichten wie Reinhard Döhls »Apfel«, bei dem die figurale Form eines Apfels mit Wurm unabhängig von Versgrenzen, ja sogar unabhängig von Wort- und Buchstabengrenzen realisiert wird. In solchen Texten dominiert das Bild schon das Wort. Sie sind weniger nach sprachlichen als nach graphischen Gesichtspunkten gebaut und gar nicht nach versrhythmischen. Sie mögen noch als Visuelle *Poesie* gelten können; *Lyrik* sind sie nicht mehr.[37] Die Gedicht-Form ist zugunsten der abstrakten oder konkreten graphischen Form aufgegeben worden. An die Stelle der Verszeile sind andere Prinzipien der Gliederung getreten, v. a. die Fläche. Hier, am Übergang zu einer neuen Wort und Bild verbindenden Kunst, gelangt die Beziehung der Lyrik zur Malerei an ihre Grenze. Die neue Synthese der Künste liegt jenseits der Versdichtung.

6.

Der Versuch einer Synthese der Künste in der Moderne beschränkt sich allerdings nicht auf eine Verbindung von Lyrik und Malerei. Auch die Musik hat für die Dichter kaum an Anziehungskraft verloren. Das Verhältnis der modernen Lyrik zur Musik ist aber nicht frei von

Komplikationen – nicht zuletzt wegen der tiefgreifenden Veränderungen, denen beide Künste im 20. Jahrhundert unterworfen sind. Von ihrer Beziehung zueinander zu sprechen, heißt, nach einer oft gehörten Ansicht, sogar von Verlusten zu sprechen, von einem Schwund. Verschwunden zu sein scheint besonders die klassische Form der Synthese von Dichtung und Musik: das Klavierlied des 19. Jahrhunderts, das sich spätestens seit Schuberts Goethe-Vertonungen, über die bloße musikalische Präsentation hinaus, der »musikalischen Text-Hermeneutik«[38] verschrieben hatte. Damit zugleich scheint sich auch die traditionelle Sangverslyrik im »Niedergang«[39] zu befinden.

Vor allem zwei Gründe werden dafür, auf der Seite der Literatur, immer wieder namhaft gemacht. Zum einen die zunehmende ›Visualisierung‹ der modernen Lyrik – bis hin zur Konkreten Poesie. Zum andern die »weitgehende Entmetrisierung«[40] der Lyrik: die Abwendung von den metrisch und strophisch gebundenen Formen, die traditionell die Basis für eine Reihe formaler Analogien zur Musik waren. So gesehen, spricht einiges für die These von der Entfremdung zwischen moderner Lyrik und Musik; es spricht jedoch auch einiges dagegen.

Die modernen Dichter mögen sich verstärkt der Malerei und der Graphik zugewandt haben; das muß aber nicht heißen, daß sie das Interesse an der Musik verloren hätten. Im Vorwort zu der zweiten Anthologie der Imagisten von 1915, »Some Imagist Poets«, steht bezeichnenderweise zu lesen, daß die Veränderung der Lyrik, die der Imagismus markieren sollte, durch Veränderungen in den *beiden* benachbarten Künsten vorbereitet worden sei: durch Gauguin und Matisse in der Malerei – und durch Debussy und Strawinsky in der Musik.[41] Insofern kann es kaum verwundern, daß der bedeutendste Imagist, Ezra Pound, sich nicht nur mit bildender Kunst, sondern auch mit Musik befaßt hat: als Kritiker wie als Konzertveranstalter während seiner Jahre in Rapallo.[42]

Pound ist da kein Einzelfall. Auch bei manch anderen modernen Lyrikern scheinen sich eine visuelle Begabung oder ein Interesse an der bildenden Kunst und eine Beschäftigung mit Musik nicht auszuschließen. Federico García Lorca hat nicht nur seine Bücher selbst illustriert, er hat auch die Musik zu seinen Bühnenstücken komponiert. Baudelaire hat ebenso Gedichte über Maler und Gemälde wie Gedichte über Musik geschrieben, deren bekanntestes »La Musique« ist. Das gleiche gilt für Mallarmé, der wie Baudelaire ein großer

Verehrer Wagners war und das in seinem Gedicht »Hommage« bekundet hat. Und selbst in »Un Coup de Dés« haben seine Interpreten noch musikalische Analogien entdeckt.[43]

Auf der anderen Seite, der Seite der Musik, haben sich die Komponisten nicht einmal von der ›Visualisierung‹ der modernen Lyrik abschrecken lassen, wie man etwa an Pierre Boulez sehen kann, der 1970 ein visuelles Gedicht von E. E. Cummings vertont hat: »Cummings ist der Dichter«. Noch weniger scheint die Aufgabe der Kantabilität ein unüberwindbares Hindernis für eine Verbindung von Lyrik und Musik geworden zu sein. Denn zum einen entspricht der Hinwendung zu freien, ungebundenen Formen in der modernen Dichtung die Abwendung von Metrik und Prosodie in der Neuen Musik, die selbst eben auch »prosaisch« geworden ist: »musikalische Prosa« (mit einem Wort Schönbergs).[44] Und zum andern gibt es gerade in der Neuen Musik einige Versuche, moderne Texte auf moderne Weise zu vertonen oder wenigstens in musikalische Werke zu integrieren – von Schönberg, der in seinem »Pierrot lunaire« einen neuartigen Sprechgesang entwickelt hat, bis hin zu Pierre Boulez, in dessen »Le marteau sans maitre« (nach Gedichten von René Char) die Texte mal gesungen, mal rezitiert, mal bloß gesprochen werden und der Vorrang von Stimme oder Instrumenten wechselt. Selbst die ›Sprachkompositionen‹ einiger Avantgardisten wie Stockhausen, Kagel oder Ligeti, die Sprache auf Laute reduzieren, können sich nicht nur auf Tendenzen der ›Musikalisierung der Sprache‹ in der modernen Lyrik seit Rimbaud und Mallarmé berufen; sie haben auch eine unübersehbare Parallele in der phonetisch orientierten Konkreten Poesie seit dem Dadaismus.[45]

Mit all diesen teils weiterbestehenden, teils neu entwickelten Gemeinsamkeiten hängt es zusammen, daß weder moderne Lyriker noch moderne Komponisten aufgehört haben, das Verhältnis ihrer beiden Künste zueinander zu reflektieren – oft in der Absicht, die veränderten Bedingungen für deren Verbindung in der Moderne zu ergründen. So hat zum Beispiel schon Mallarmé in seinem Vortrag »La musique et les lettres« (»Die Musik und die Literatur«) Musik und Dichtung die zwei Seiten eines Phänomens genannt, die er als «l'Idee« (»die Idee«)[46] bezeichnete – ähnlich wie Baudelaire die Gemeinsamkeit von Malerei und Poesie in der Teilhabe am Ideellen sah. Pierre Boulez wiederum hat – für sein Werk und nicht nur für sein Werk – die Formel »Wort und Klang/ Zentrum und Abwesenheit« (»Verbe et tone/ centre et absence«) geprägt und in der Weise erläutert, daß ein Gedicht das »*Zentrum* der Musik« bilden und zugleich »aus der Musik *verschwunden*« sein könne.[47] Die Formel Boulez' mag auch genau andersherum gelten – in der Weise, daß Musik das Zentrum eines Gedichts und zugleich aus ihm verschwunden sein kann.

Schließlich hat die Musik weiterhin eine große Rolle in den Rhythmus-Theorien moderner Lyriker gespielt – nicht zuletzt bei denen, die nach neuen, ungebundenen Rhythmen gesucht haben. Ezra Pound beispielsweise hat von seinen musikalischen Studien – ob sie nun der Troubadour-Lyrik oder, vermittelt durch Arnold Dolmetsch, der Musik des 17. und 18. Jahrhunderts galten – vor allem in seiner Theorie des »absoluten Rhythmus« profitiert.[48] Und Brecht hat, als er seine »reimlose Lyrik mit unregelmäßigen Rhythmen« rechtfertigte, nicht nur, gut sozialistisch, auf das Vorbild »jene(r) kurzen, improvisierten Sprechchöre bei Arbeiterdemonstrationen«, sondern auch auf den »Jazz mit seinem Stepprhythmus«[49] hingewiesen.

Die modernen Lyriker sind also alles in allem der Musik durchaus treu geblieben, wenngleich nicht unbedingt der des 19. Jahrhunderts. Die wechselseitigen Beziehungen zwischen Lyrik und Musik sind in der Moderne keineswegs abgebrochen worden; sie bestehen weiter, nur in veränderter Weise. Nach wie vor gibt es genug Lyriker, die Gedichte *zu* Musik schreiben – moderne Gedichte zu moderner Musik. Es gibt ferner Dichter, die Gedichte *über* Musik geschrieben und dabei die Musik als Vorbild für die Lyrik genommen haben. Und es gibt schließlich Lyriker, die versucht haben, Gedichte *wie* Musik zu schreiben. Für das erste ist etwa Ingeborg Bachmann, für das zweite Rilke, für das dritte Eliot ein Beispiel.

7.

Mag auch die Sangverslyrik traditioneller Art im »Niedergang« begriffen sein, so haben doch viele Lyriker nicht darauf verzichtet, weiterhin Gedichte für eine musikalische Aufführung zu verfassen. Zu ihnen gehört Ingeborg Bachmann, die seit 1952 mit einem jungen Komponisten zusammengearbeitet hat: mit Hans Werner Henze. Sie hat aber nicht einfach bloß aufgehört, sozusagen nach alter Dichter-Gewohnheit Gedichte zu Musik zu schreiben. In ihrem Essay »Musik und Dichtung« hat sie vielmehr das »Auseinandergehen« dieser beiden

Künste reflektiert und für ein neues Zusammengehen plädiert: »Musik und Dichtung haben nämlich eine Gangart des Geistes. Sie haben Rhythmus in dem ersten, dem gestaltgebenden Sinn.«[50] Die neuerliche Verbindung der beiden Künste vollzieht sich für sie unter veränderten Bedingungen:

Die Worte suchen ja längst nicht mehr die Begleitung, die die Musik ihnen nicht geben kann. Nicht dekorative Umgebung aus Klang. Sondern Vereinigung. [...] Und die Musik sucht nicht mehr den belanglosen Text als Anlaß, sondern eine Sprache in harter Währung, einen Wert, an dem sie den ihren erproben wird.[51]

Was für Gedichte sich, im Sinn Ingeborg Bachmanns, für eine »Vereinigung« mit Musik eignen können, mag ihr Zyklus »Lieder von einer Insel« verdeutlichen, den Henze 1964 als Chorfantasie für Kammerchor, Posaune, zwei Violoncelli, Kontrabaß, Portativ, Schlagzeug und Pauken vertont hat. Den Zyklus beschließt der folgende Text:

Es ist Feuer unter der Erde,
und das Feuer ist rein.

Es ist Feuer unter der Erde
und flüssiger Stein.

Es ist ein Strom unter der Erde,
der strömt in uns ein.

Es ist ein Strom unter der Erde,
der sengt das Gebein.

Es kommt ein großes Feuer,
es kommt ein Strom über die Erde.

Wir werden Zeugen sein.[52]

Dieses Gedicht hat erkennbar »Rhythmus«, einen freien jambisch-daktylischen Rhythmus, der unterstützt wird von den syntaktischen Parallelismen, den Variationen und Wiederholungen, und es hat Klang, zumal durch Endreim und gelegentliche Assonanzen. Seine »Sprache in harter Währung« erinnert in ihren Bildern an apokalyptische Dichtung und in ihrer enigmatischen Kargheit an Gedichte Ungarettis (die Ingeborg Bachmann 1961 übersetzt hat). Zwischen der »harten« Sprache und dem eher fließenden oder gleitenden Rhythmus des Gedichts besteht in gewisser Weise eine Spannung, wenn auch kein Widerspruch. Gerade das aber mag als ein Moment der »Wahrheit«[53] für Ingeborg Bachmann diesen Text in einem tieferen Sinn wieder kantabel gemacht haben – geeignet für die »menschliche Stimme«.[54] Und eben das mochte auch den Interessen des Komponisten Hans Werner Henze entgegen gekommen sein, der seine Vorliebe für nicht nur musikalische »Reibungen«[55] betont und gerade seine Kammermusik, zu der die Chorfantasie auf die »Lieder von einer Insel« gehören, als »Musik zum Nach- und Weiterdenken«[56] charakterisiert hat.

Mit ihren »Liedern von einer Insel« stellt Ingeborg Bachmann in der modernen Lyrik keine Ausnahme dar. Wie sie hat eine ganze Reihe von zeitgenössischen Lyrikern Gedichte für eine musikalische Aufführung geschrieben – und für unterschiedlichste Musik von der Neuen bis zur populären Musik. Von den englischsprachigen Dichtern ist hier besonders W. H. Auden zu nennen, der für Henze etwa zwei Opern-Libretti verfaßt hat, die »Elegie für junge Liebende« (»Elegy for Young Lovers«) und »Die Bassariden« (»The Bassarids«), nicht zu reden von seiner Zusammenarbeit mit Benjamin Britten, aus der zum Beispiel der Liederzyklus »On This Island«, die »Hymn to St. Cecilia« und die Operette »Paul Bunjan« hervorgegangen sind.[57] Von den französischen Lyrikern der Moderne ist an erster Stelle Jacques Prevert anzuführen, der wie kein anderer Dichter seines Landes die literarische Chanson-Tradition in unserem Jahrhundert fortgeführt hat. In der spanischen Lyrik hat – neben Manuel Machado und Juan Ramón Jiménez – vor allem Federico García Lorca, der 1921 sogar Gitarrenunterricht nahm, die Nähe zur volkstümlichen Musik gesucht, am deutlichsten in seinen Gedicht-Bänden »Canciones« und »Romancero gitano«.[58] Von den deutschen Dichtern unseres Jahrhunderts schließlich hat wohl keiner so stark auf die Verbindung von Lyrik und Musik gesetzt wie Bert Brecht.

Schon seine »Hauspostille« ist überwiegend eine Sammlung von Liedern, die er selbst gern zur Gitarre gesungen hat. Die »Lieder und Balladen« des Bands, so schrieb er später, sollten »fast alle singbar sein, und zwar auf einfachste Weise, ich selber komponierte sie«.[59] Er komponierte sie, als Parodien oder Kontrafakturen, nach Vorlagen: vom Kirchenlied in der Art Neanders bis zum Kunstlied in der Art Goethes, vom Bänkellied in der Art Villons bis hin zum zeitgenössischen Schlager. Brecht hat im Lauf der Jahre vor allem mit drei Komponisten zusammengearbeitet: mit Kurt Weill, mit dem er die »Dreigroschenoper« und den »Aufstieg und Fall der Stadt Mahagonny« schuf; mit Hanns Eisler, mit dem zusammen er im Exil die »Lieder – Gedichte – Chöre« (1934) produzierte; und mit Paul Dessau, mit dem er die »Erziehung der Hirse« (1952–1954) ins Werk setzte.

Eines der schönsten Lieder ist Brecht in der Zusammenarbeit mit Kurt Weill gelungen: das Lied der »Seeräuber-Jenny« aus der »Dreigroschenoper«. Ernst Bloch hat von ihm, überschwenglich, gesagt, es biete sich »bei frohen Anlässen als Nationalhymne« an,[60] und zwar ebenso seiner – musikalischen – Feinheiten wie seiner verschiedenen Anklänge an Jazz, Heilsarmeelieder und, nicht zuletzt, das Hohe Lied wegen. Für Bloch ist es ein »neues«, ein sozusagen alternatives Volkslied: »Ein neuer Volksmond«, befand er, »bricht durch die Schmachtfetzen am Dienstmädchen- und Ansichtskartenhimmel«.[61] Brechts bekanntestes Lied stammt gleichfalls aus der Kooperation mit Weill und gleichfalls aus der »Dreigroschenoper«: die »Moritat von Mackie Messer«. Sie ist tatsächlich, wenn schon kein Volkslied, so doch wenigstens ein Schlager geworden, den Louis Armstrong zum Jazz-Klassiker gemacht hat.

Brecht und Weill haben mit solchen Liedern oder »songs« erreicht, was manche nach ihnen mit weniger Erfolg auch versucht haben: eine Verbindung von moderner Lyrik und populärer Musik. Diese Versuche liefen zunächst vor allem unter dem Etikett »Jazz und Lyrik«. Am weitesten gebracht hat es darin in Deutschland, nach Brecht, Peter Rühmkorf, der seit den 60er Jahren seine Gedichte zu Kompositionen vor allem der beiden Jazz-Musiker Michael Naura und Wolfgang Schlüter vorträgt.[62] Wirklich populäre Musik ist jedoch dieser nachklassische, neue Jazz nicht mehr. Und er war es auch schon nicht mehr, als in den 50er Jahren amerikanische Lyriker vor allem des Beat-Movements sich für Jazz (für »hot jazz« wie für »cool jazz«) zu erwärmen begannen: von Kenneth Patchen, der gelegentlich mit der Charles-Mingus-Band aufgetreten ist, bis hin zu Jack Kerouac, der z. B. den 240. Chorus seines »Mexico City Blues« Charlie Parker gewidmet hat, dem legendären Jazz-Saxophonisten der 40er Jahre.

Eine überzeugende Verbindung von moderner Lyrik und populärer Musik ist am ehesten einigen Rock-Musikern seit den 60er Jahren gelungen, allen voran Bob Dylan. Wie kaum ein anderer Sänger und Texter hat er immer wieder Anregungen aus der modernen Poesie aufgenommen: etwa von Rimbaud, Brecht, Pound, T. S. Eliot oder Allen Ginsberg. Eine seiner längsten Balladen, »Desolation Row«, ist, schon am Titel erkennbar, Eliots »Waste Land« verpflichtet, und sein »Subterranean Blues« spielt, wiederum schon am Titel erkennbar, auf Jack Kerouacs »The Subterraneans« an: eine witzige, mitunter sarkastische Montage schnappschußartiger Moment-Aufnahmen aus der Welt gesellschaftlicher Außenseiter in einem fast gehetzt dahinjagenden Rock-Rhythmus.

8.

Wie die Musik für einen modernen Lyriker zum Paradigma zeitgenössischer Kunst und damit zum Vorbild auch der eigenen Dichtung werden kann, zeigt das Beispiel Rilkes, dem man sonst eher eine besondere Neigung zur bildenden Kunst nachsagt. Das trifft auch auf seine »Neuen Gedichte« zu, auf das Spätwerk, die »Duineser Elegien« und die »Sonette an Orpheus«, jedoch schon viel weniger. Um 1914 herum geriet Rilke in eine Krise. Nicht nur der Ausbruch des 1. Weltkriegs traf ihn existentiell; auch als Dichter befand er sich in einer Phase des Umbruchs: seine Poesie (und Poetik) des ›Schauens‹ wurde ihm zum Problem. Noch in Paris entstand, im Juni 1914, das poetologische Gedicht »Wendung«, das eine Wende in seiner Lyrik anzeigt. Es beginnt, rückblickend, mit der Zeile: »Lange errang ers im Anschaun«, und endet, vorausblickend, mit den Versen:

> Werk des Gesichts ist getan,
> tue nun Herz-Werk
> an den Bildern in dir, jenen gefangenen; denn du
> überwältigtest sie: aber nun kennst du sie nicht.[63]

Mit diesen Worten schwört Rilke der Ding-Dichtung seiner »Neuen Gedichte« als »Werk des Gesichts« ab. »Werk des Gesichts« waren sie in wenigstens zweierlei Hinsicht: Sie verdanken sich seiner speziellen poetischen ›Wesens*schau*‹ wie seiner Begegnung mit den Werken einiger zeitgenössischer Künstler, allen voran Rodin, dessen Sekretär er 1905/06 gewesen war, und Cézanne, dessen Bilder er 1906 und 1907, nicht zuletzt auf Anraten Paula Modersohn-Beckers, in Pariser Ausstellungen gesehen hatte.[64] Rilkes Beschäftigung mit zeitgenössischer

Malerei ist über sein Studium der Werke Cézannes allerdings kaum hinausgelangt. In der 5. »Duineser Elegie« bezieht er sich zwar noch einmal auf ein Gemälde eines modernen Malers, auf Picassos »La famille des Saltimbanques«, das er im Sommer 1915 in der Münchener Wohnung seiner Freundin Herta Koenig ›bewacht‹ hatte.[65] Doch darin erschöpft sich im wesentlichen auch schon sein Verhältnis zur Malerei des 20. Jahrhunderts. Der Kubismus schockiert und irritiert ihn: in ihm sieht er nicht viel mehr als einen ›Verrat‹ an Cézanne.[66] Auch der Umgang mit Oskar Kokoschka und mit Paul Klee, ohnehin nicht frei von (jeweils beiderseitigen) Vorbehalten, bleibt poetisch folgenlos.

Zumindest zeitweise nimmt nun die Musik die Stelle ein, die zuvor die bildende Kunst innehatte. 1918 schreibt Rilke das Gedicht »An die Musik«, das von seiner neuen künstlerischen Orientierung zeugt:

An die Musik

Musik: Atem der Statuen. Vielleicht:
Stille der Bilder. Du Sprache wo Sprachen
enden. Du Zeit,
die senkrecht steht auf der Richtung vergehender Herzen.

Gefühle zu wem? O du der Gefühle
Wandlung in was? –: in hörbare Landschaft.
Du Fremde: Musik. Du uns entwachsener
Herzraum. Innigstes unser,
das, uns übersteigend, hinausdrängt, –
heiliger Abschied:
da uns das Innere umsteht
als geübteste Ferne, als andere
Seite der Luft: rein,
riesig,
nicht mehr bewohnbar.[67]

»An die Musik« ist ein abstraktes Gedicht: nicht eine Musik, sei es alte oder neue, sondern *die* Musik ist das Thema. Von der Musik spricht das Gedicht vorzugsweise in kühnen, nicht mehr anschaulichen, ja absoluten Metaphern. In dem Versuch, das auszusprechen, was sich nur in der Musik als »Sprache wo Sprachen/ enden« sagen läßt, drängt es selbst über die Grenzen konventioneller Sprache hinaus. Gleichwohl wird es dabei nicht musikalisch, weder von der Form noch vom Klang her. Es erprobt lediglich die Möglichkeiten der poetischen

Sprache an einem Gegenstand, der seine eigene Sprache besitzt: eine Sprache jenseits der Sprache.

Das Schlüsselwort der neuen Poetik Rilkes, »Herz-Werk«, kehrt, abgewandelt, in diesem Gedicht wieder: in der Metapher vom »Herzraum«. Sie erinnert ihrerseits sowohl an das Haupt-Motiv des Gedichts »Ausgesetzt auf den Bergen des Herzens«, die Herz-Landschaft, wie an das Haupt-Wort des Gedichts »Es winkt zu Fühlung fast aus allen Dingen«: »Weltinnenraum«. Die Musik wird hier aber nicht nur als »Herzraum«, als Ort der Gefühle, begriffen, sondern in einer kühnen Metapher als »uns entwachsener/ Herzraum«. Das Bild deutet auf eine besondere Verwandlung der Gefühle hin: eine »Wandlung« nicht ins Sichtbare, sozusagen Dingliche, sondern ins »Hörbare«. Diese »Wandlung« ist offensichtlich eine Transzendierung, worauf auch schon die schwierigen Formulierungen des Anfangs hindeuten: »Du Sprache wo Sprachen/ enden. Du Zeit/ die senkrecht steht auf der Richtung vergehender Herzen«. Transzendiert wird letztlich Subjektivität: ins »Fremde«, »Andere«, »Ferne«.

Die Eigenart der Musik sieht Rilke also in der Ver-Äußerung der Gefühle, des »Innigsten«, »das, uns übersteigend, hinausdrängt« und, draußen, »uns [. . .] umsteht«. Sie ist Objekt gewordene, objektivierte Subjektivität. So verstanden ist die Musik das Vorbild jeder Kunst, die sich um den nicht mehr an Gegenstände (oder »Dinge«) gebundenen oder über sie vermittelten Ausdruck des Inneren bemüht. Und genau das: eine abstrakte, nicht mehr anschauliche oder dingliche Kunst ist die späte Lyrik Rilkes. Das Gedicht »An die Musik« weist auf sie voraus, und von ihm her fällt auf sie ein eigenes Licht. Es dürfte kein Zufall sein, daß Rilkes wohl abstraktestes Gedicht, »Gong«, wenn nicht der Musik, so doch zumindest einem Klang gewidmet ist. Und genausowenig zufällig erscheint, daß sein letzter großer Zyklus, die »Sonette an Orpheus«, dem Typus des Dichter-Sängers gelten: an die alte Einheit von Lyrik und Musik wird hier im Zeichen einer Dichtung jenseits der Ding-Dichtung erinnert.

9.

Das Interesse moderner Lyriker an – moderner – Musik erschöpft sich nicht darin, Gedichte *über* Musik und Gedichte *zu* Musik zu schreiben. Sie haben auch versucht, Gedichte *wie* Musik zu schreiben. »Gedichte wie Musik«: das ist allerdings nur ein sehr verkürzter Ausdruck für sehr unterschiedliche Versuche. Einer dieser Versuche besteht darin, ›Wortmusik‹ zu produzieren, also die phonetische Seite der Sprache zu akzentuieren, ja zu verabsolutieren. Dieser Versuch beginnt bei Mallarmé, der sich immer wieder vom Klang der Worte leiten ließ, so daß viele seiner Verse in ihrer konkreten Gestalt zumindest ebenso vom (Zusammen-)Klang wie vom Sinn der Wörter her zu begreifen sind. Ähnliches läßt sich auch von manchen Gedichten Gottfried Benns sagen: ihre Suggestivkraft verdanken sie häufig dem durch Reim und Alliteration gestützten Wohlklang der Wörter.[68] Zum Extrem gesteigert wird dieser Versuch in den Lautgedichten der Dadaisten, etwa in Hugo Balls »Karawane« oder in Rudolf Blümners »Ango laina«, die keine Wörter eines bekannten Lexikons mehr enthalten, nur noch erfundene ›Wörter‹, die vor allem durch ihren Klang wirken. Eine allerdings weniger radikale Fortsetzung haben diese Experimente, außer bei Kurt Schwitters, noch in der phonetisch orientierten Konkreten Poesie gefunden, zumal bei Ernst Jandl. Der erste Teil seines Buchs »Laut und Luise« ist bezeichnenderweise »mit musik« überschrieben, und wie Musik hat Jandl manches Wort behandelt – sei es, daß er ganz auf Lautmalerei gesetzt hat wie in »schtzngrmm«; sei es, daß er Worte spielerisch in ihre kleinsten phonetischen Bestandteile zerlegt hat wie in »ode auf N« oder »bericht über malmö«; sei es schließlich, daß er »visuelle Lippengedichte« geschrieben (und »dem schnurrbart von daniel jones/ dem großen englischen phonetiker«) gewidmet hat.

Einen anderen, ungleich ernsteren Versuch, Gedichte wie Musik zu schreiben, hat T. S. Eliot unternommen: in seinem 1942 vollendeten und 1943 veröffentlichten Zyklus »Four Quartets«. Der Titel des Werks, der nicht ein Thema, sondern eine musikalische Gattungsbezeichnung nennt, mußte die Frage provozieren, was denn das ›Musikalische‹ oder Musik-Ähnliche dieser Gedichte sei. Zu ihrer Beantwortung haben die Interpreten Eliots immer wieder auf seinen 1949 gehaltenen Vortrag »The Music of Poetry« verwiesen. Er wartet allerdings zuerst einmal mit einer überraschenden, manche Erwartung enttäuschenden Feststellung auf: »Ich glaube«, schreibt Eliot da, »daß ein Dichter viel beim Studium der Musik gewinnen kann; wieviel technisches Wissen von musikalischer Form wünschenswert ist, weiß ich nicht, weil ich dieses technische Wissen nicht besitze«.[69] Was den Dichter an der Musik am meisten angehe, fährt Eliot fort, sei der »Sinn für Rhythmus und der Sinn für Struktur«.[70] Auch in der Dichtung könne der Rhythmus vor den Worten da sein und die Idee und das Bild »gebären« (»bring to birth the idea and the image«). Weiter heißt es in dem Vortrag:

Der Gebrauch wiederkehrender Themen ist für die Dichtung so natürlich wie für die Musik. Es gibt Möglichkeiten für Verse, die eine gewisse Analogie zu der Entfaltung eines Themas durch verschiedene Gruppen von Instrumenten enthalten; es gibt Möglichkeiten des Übergangs in einem Gedicht, die den verschiedenen Sätzen einer Symphonie oder eines Quartetts vergleichbar sind; es gibt Möglichkeiten des kontrapunktischen Arrangements eines Themas.[71]

Diese Bemerkungen lassen schon erkennen, daß es Eliot zunächst nicht darum ging, ›Wortmusik‹ zu produzieren – weder symbolistische in der Art Mallarmés noch dadaistische in der Art Hugo Balls. Das Studium der musikalischen Form sollte ihm vielmehr dabei helfen, ein Problem poetischer Form zu lösen: das der Komposition eines langen Gedichts, wie die »Four Quartets« eines sind.

Tatsächlich bietet es sich geradezu an, das ›Musikalische‹ des Gedicht-Zyklus mit den Hinweisen aus dem Vortrag zu beschreiben. »Four Quartets« besteht aus vier Teilen, die jeweils nach – englischen und amerikanischen – Orten benannt sind, die bis dahin im Leben Eliots eine Rolle gespielt hatten: »Burnt Norton«, »East Coker«, »The Dry Salvages« und »Little Gidding«. Jedes dieser Gedichte besteht wiederum aus fünf Teilen, die im Groben einander ähneln. Der erste Teil ist durchweg, in der Behandlung zweier verschiedener Themen, quasi kontrapunktisch aufgebaut. In »Burnt Norton« zum Beispiel folgt auf die abstrakte Reflexion über Zeit (»Time present and time past/ Are both perhaps present in time future«) die konkrete Beschreibung einer (erinnerten) Situation in einem (Rosen-)Garten. Der zweite Teil ist dann im wesentlichen Variation eines Themas, in »Burnt Norton« etwa als Verbindung von symbolischer Darstellung und philosophischer Reflexion, die wiederum den verschiedenen Aspekten der Zeit (und den verschiedenen Zeiten) gilt. Der dritte Teil vereint die bisher entwickelten Themen, und zwar durchweg in zwei, äußerlich voneinander abgesetzten Passagen. Der vierte Teil schließlich dient als – ›lyrische‹ – Überleitung zum fünften und letzten, in dem, als eine Art Finale, alle Themen wieder aufgerufen werden – in »Burnt Norton« etwa komprimiert in den letzten Zeilen:

Sudden in a shaft of sunlight
Even while the dust moves
There rises the hidden laughter
Of children in the foliage
Quick now, here, now, always –
Ridiculous the waste sad time
Stretching before and after.[72]

Plötzlich in einem Sonnenstrahl
Während der Staub sich noch bewegt
Erhebt sich das versteckte Gelächter
Von Kindern im Laub
Schnell jetzt, hier, jetzt, immer –
Lächerlich die wüste, traurige Zeit
Die sich vor- und rückwärts ausdehnt.

Die Zeit, abstrakt, und konkret als Kindheit; Licht, Staub, Laub; Reflexion und Erinnerung; Bewegung und Stillstand – die Schlußzeilen versammeln noch einmal die wichtigsten Themen und Motive des ersten Teils.

Die Analogien zur Musik beschränken sich in den »Four Quartets« nicht nur auf die – sonatenartige – Einteilung in fünf »Sätze«. Ebenso auffällig ist die Wiederkehr bestimmter Motive, Worte und Wörter. Da ist etwa das Motiv des Sonnenlichts (»sunlight«), das in allen vier Teilen erscheint, besonders betont am Ende von »Burnt Norton«. Da sind weiter Wendungen wie »time past und time present«, die sich ebenso leitmotivartig durch den ganzen Zyklus ziehen; und da sind schließlich (Schlüssel-)Wörter wie »time« oder auch »end«, denen man allenthalben begegnet. Sie haben allerdings fast immer eine andere Bedeutung; sie stehen in unterschiedlichen Zusammenhängen und werden oft abgewandelt. So bedeutet zum Beispiel das Motiv des Sonnenstrahls (»shaft of sunlight«) am Schluß von »Burnt Norton«, im Zusammenhang mit dem Kinderlachen, offenbar etwas anderes als im fünften Teil von »The Dry Salvages«, wo es von einem Wachtraum heißt, er sei verloren im Sonnenstrahl (»The distraction fit, lost in a shaft of sunlight«) – nicht zu reden vom Anfang von »Little Gidding«, wo das Motiv gleichfalls stark verändert wiederauftritt. Interpreten der »Four Quartets« wie Helen Gardner haben diese stetige Abwandlung wiederkehrender Motive, Worte und Wörter als die tiefste Analogie zur Musik begriffen: sie schaffe eine quasi-musikalische Vieldeutigkeit der Worte, die eine stabile und eindeutige Zuordnung von Bedeutungen verhindere.[73]

Natürlich ist in den »Four Quartets« auch *von* Musik die Rede und von den Gemeinsamkeiten zwischen Dichtung und Musik – so etwa zu Beginn des fünften Teils von »Burnt Norton«:

> Words move, music moves
> Only in time [. . .][74]
>
> *Worte bewegen sich, Musik bewegt sich*
> *Nur in der Zeit*

heißt es da und weiter:

> [. . .] Only by the form, the pattern,
> Can words or music reach
> The stillness [. . .][75]
>
> *Nur durch die Form, durch das Muster*
> *können Worte, kann Musik*
> *die Stille erreichen [. . .]*

Trotz solcher Stellen, in denen das Gemeinsame von Dichtung und Musik thematisiert wird, scheint Pierre Boulez' Formel vom Verhältnis von Wort und Ton: ›Zentrum und Abwesenheit‹ auch auf Eliots »Four Quartets« übertragbar zu sein. Denn nicht die ›sichtbaren‹ Reflexionen über Musik, sondern die ›unsichtbare‹ quasi-musikalische Komposition ist das Zentrum dieses Zyklus. Auf jeden Fall hat mit ihm die Beziehung zwischen Musik und Dichtung eine neue Stufe erreicht. Nicht zuletzt deshalb ist er auch, auf seine Weise, ein eindrucksvolles Beispiel für die Synthese der Künste innerhalb der modernen Lyrik.

10.

Der Versuch einer Synthese der Künste in der Moderne beschränkt sich aber nicht auf eine Verbindung der Lyrik mit der Malerei *oder* der Musik. Eine Vereinigung aller drei Künste, der Musik, der Malerei und der Poesie, mag seltener sein; doch gibt es sie auch. Ein Beispiel dafür ist das wohl bekannteste dadaistische Gedicht: Hugo Balls »Karawane«:

KARAWANE

jolifanto bambla ô falli bambla
grossiga m'pfa habla horem
égiga goramen
higo bloiko russula huju
hollaka hollala
anlogo bung
blago bung
blago bung
bosso fataka
ü üü ü
schampa wulla wussa ólobo
hej tatta gôrem
eschige zunbada
wulubu ssubudu uluw ssubudu
tumba ba- umf
kusagauma
ba - umf [76]

»Karawane« wird gern als ein Beispiel für »visuelle Poesie« aufgefaßt, weil es offenbar »allerlei optische Mittel«[77] benutzt – von der Verwendung von 17 verschiedenen Schriftsorten in 17 Zeilen bis hin zum Wechsel von Normal- und Kursivschrift. Hugo Ball selbst hat »Karawane« zunächst als ein »Klang-« oder »Lautgedicht« begriffen, als »Verse ohne Worte«,[78] und dem unorthodoxen Schriftbild vor allem die Funktion einer Partitur zugemessen. Tatsächlich muß das Gedicht gesprochen werden, damit es verstanden werden kann als das, was es ist: die ›Verlautbarung‹ der Geräuschkulisse einer Karawane. Insofern ist das Gedicht eben auch ›Wortmusik‹ in der Nachfolge der von Luigi Russolo erfundenen futuristischen »Geräuschmusik« – mit dem Unterschied allerdings, daß die ›Musik‹ mit der menschlichen Stimme und nicht, wie bei Russolo, mit einem futuristischen Instrument wie dem »Lärmtöner« (»intonarumori«) erzeugt wird.[79] So komisch, ja amüsant heute das Lautgedicht Balls erscheint, so ernst war es gemeint: als Verzicht darauf, »Worte zu übernehmen (von Sätzen ganz zu schweigen), die man nicht funkelnagelneu für den eigenen Gebrauch erfunden habe«[80] – eine radikale Erneuerung der Sprache durch eine Preisgabe noch des Worts zugunsten des Lauts. Wortmusik also statt Sprache – oder auch: Wortmusik als neue Sprache; eine moderne Synthese der Künste jedenfalls, die jenseits aller künstlerischen Konventionen stattfindet.

V. Die Idee der Humanität

Moderne Lyrik und Politik

1.

Moderne Lyrik galt lange Zeit als ›absolute Dichtung‹. ›Absolute Dichtung‹ sollte nicht nur heißen, daß sie Dichtung des Absoluten sei – etwa im Sinn von Benns Wort, die Kunst sei »die letzte metaphysische Tätigkeit innerhalb des europäischen Nihilismus«[1] (mit dem er sich auf Nietzsche berief[2]). ›Absolute Dichtung‹ sollte auch, ja noch mehr heißen: Dichtung, die sich mit sich selber beschäftigt, jedenfalls nicht mit außerpoetischer Realität – etwa im Sinn Mallarmés, der gefordert hat, das ›Wirkliche‹ aus dem Gedicht zu verweisen.[3] ›Absolut‹, so verstanden, ist auch das Gegenteil von ›engagiert‹, und das erklärt, warum in einer Darstellung der modernen Lyrik wie der Hugo Friedrichs beispielsweise für Benn Platz ist, nicht aber für Brecht.

Die Vorstellung von der Absolutheit moderner Poesie gehört nicht nur zum Bestand konservativer Ästhetik. Selbst Adorno hat die »Autonomie« gerade der modernen Kunst behauptet und damit begründet, daß sie sich »aus der empirischen Welt« hinausbegebe und »eine dieser entgegengesetzte eigenen Wesens«[4] hervorbringe. Die Autonomie der Kunst sah er dabei letztlich in der »Idee der Humanität« verankert – einer Humanität allerdings, die sich zunehmend in Opposition zur Gesellschaft befindet.[5] So ist für ihn die Lyrik Ausdruck eines Ich, »das sich als dem Kollektiv, der Objektivität entgegengesetztes bestimmt«:[6] indem es sich der Gesellschaft entzieht, behauptet es sich, und indem es sich behauptet, opponiert es der Gesellschaft. Diese »Autonomie« ist für Adorno historisch »irrevokabel«; alle Versuche, sie durch Engagement aufzuheben, hat er für »gescheitert«[7] erklärt.

Daß die moderne Lyrik keineswegs nur absolute Dichtung, daß sie im Ganzen nicht autonom und daß sie als gesellschaftskritische nicht gescheitert ist – das hat, ironischerweise, gerade Adornos bedeutendster poetischer ›Schüler‹ gezeigt: Hans Magnus Enzensberger. In seinem »Museum der modernen Poesie« ist das letzte große Kapitel, »Zeitläufte«, ganz der engagierten Lyrik gewidmet. Diese kleine Anthologie in der Anthologie umfaßt Gedichte – poetisch und ideologisch – unterschiedlichster Autoren: Ezra Pound, T. S. Eliot, Nelly Sachs und E. E. Cummings sind in ihr ebenso vertreten wie Vladimir Majakovskij, Bert Brecht, Pablo Neruda, W. H. Auden oder Nazim Hikmet. Die Gedichte, die Enzensberger ausgewählt hat, sind politisch in ihrer Aussage. Sie sind Reaktionen auf Ereignisse der Zeitgeschichte, die sie in kritischer Absicht kommentieren oder reflektieren. Sie alle ließen sich sicher ohne viel Mühe auf eine Idee von Humanität verpflichten – mit der Einschränkung allerdings, daß ›Humanität‹ für verschiedene Autoren auch verschiedenes heißt: etwa Protest gegen den Krieg oder Aufruf zum Klassenkampf, Propaganda für eine Partei oder Verteidigung eines Menschenrechts.

Moderne Lyrik ist aber nicht nur, als engagierte, der Politik zugewandt; sie ist auch von ihr betroffen. Vor allem im nationalsozialistischen Deutschland und in der stalinistischen Sowjetunion haben die Regierungen massiven Einfluß auf die Literaturproduktion genommen, indem sie bestimmte – zumeist ›realistische‹ oder ›traditionalistische‹ – Literatur gefordert und andere – durchweg ›modernistische‹ – unterdrückt haben. Die Politik regiert hier in die Literatur hinein, und die Daten der Zeitgeschichte werden dabei auch zu Daten der Literaturgeschichte. Enzensberger hat an diesen Sachverhalt ebenfalls erinnert – mit einer Liste der modernen Lyriker, die, Opfer politischer Verhältnisse, verhaftet, verschleppt, verbannt und ermordet worden sind – wenn sie sich der Verfolgung nicht durch Selbstmord entzogen haben.[8] Diese Liste reicht von Rafael Alberti bis Nazim Hikmet, von Bert Brecht bis Federico García Lorca, von Ossip Mandelstam bis Max Jacob.

2.

Seit wann gibt es moderne politische Lyrik? Ihren Beginn sieht man gern im Surrealismus – nicht ohne Grund; denn die Politisierung der Gruppe ist tatsächlich offensichtlich, ja spektakulär. Ursprünglich waren die Surrealisten mehr an literarischer Innovation interessiert: am – poetisch neuartigen – Ausdruck von Unbewußtem und Unterbewußtem durch die »écriture automatique«. Dabei verstanden sie sich durchaus schon als Revolutionäre – nur daß die von ihnen propagierte Revolution eine des Bewußtseins sein sollte. Das änderte sich auch kaum, solange die Gruppe existierte. ›Revolution‹ bekam jedoch mit der Zeit noch eine andere Bedeutung.

Vor allem durch die Marokko-Krise im Sommer 1925 erwachte das Interesse der Surrealisten an der Politik. Sie näherten sich den Kommunisten um die Zeitschrift »Clarté« an, und 1927 traten die Anführer der Gruppe, Breton, Aragon und Eluard, in die KPF ein. Andere Mitglieder folgten ihnen, und sie blieben in der KPF, bis die meisten von ihnen 1933 wieder ausgeschlossen wurden, wegen Abweichung von der Parteilinie. Eine Ausnahme bildete Aragon, der mit der Gruppe brach und zum Hausdichter der KPF avancierte. Das politische Engagement der Surrealisten hat seinen Niederschlag – wie bei ihnen nicht ungewöhnlich – fast mehr in Manifesten und Pamphleten als in poetischen Texten gefunden, zumal in »Le Surréalisme au Service de la Revolution« von 1932. Das bekannteste politische Gedicht eines Surrealisten aber ist wohl Aragons »Front Rouge« geworden, das allerdings schon aus seiner – offiziell – nach-surrealistischen Zeit stammt.[9]

Die Surrealisten mögen die erste Gruppe moderner Lyriker gewesen sein, die sich mehr oder weniger geschlossen für den Kommunismus engagiert hat. Die Tradition moderner politischer Dichtung reicht jedoch weiter zurück – nämlich bis zum Symbolismus. Ihr erstes Manifest sind Rimbauds »Seher-Briefe« (»Lettres du voyant«) von 1871, in denen sich, wie Werner von Koppenfels schreibt, »Aufklärungserbe mit romantischem Inspirationskult und teilweise auch mit frühsozialistischer Fortschrittsgläubigkeit zu einer Art von ›demokratischem Illuminatentum‹ (Antoine Adam) verbindet«.[10] Schon in diesen Briefen findet sich eine Sympathie für das Proletariat, wie sie später die Surrealisten und manch andere gepflegt haben: »Je serai un travailleur«, schreibt Rimbaud mit Blick auf den Aufstand der Commune (dem er sich wenig später angeschlossen hat): »Ich werde Arbeiter sein«.[11] In Gedichten wie »Chant de guerre parisien« (»Pariser Kriegsgesang«), oder »Les pauvres à l'église« (»Die Armen in der Kirche«) hat er auch poetisch Wort gehalten.

Doch selbst mit Rimbaud beginnt noch nicht die moderne politische

Lyrik – sondern mit Baudelaire. Lange Zeit ist übersehen worden, daß er auch ein politischer Dichter war: ein sozial bewußter und, zeitweise, engagierter »Lyriker im Zeitalter des Hochkapitalismus«.[12] Ein Zeugnis davon gibt sein großes Gedicht »Le Cygne«,[13] das sich allerdings – kompliziert und verklausuliert, wie es ist – einem Leser nicht leicht erschließt. Es setzt unvermittelt ein mit einer lyrischen Apostrophe an Andromache, die Witwe Hektors, die, nach dem Fall Trojas, von Pyrrhus zur Sklavin genommen und von diesem dann Helenus, dem Bruder Hektors, zur Frau gegeben wurde. Erst nach diesem Ausruf kommt sein Anlaß zur Sprache: ein Spaziergang des Sprechers über den Nouveau Carrousel zum Louvre (der in der 9. Strophe genannt wird). Der Anblick des »neuen« Paris läßt den Dichter an das alte denken, das verschwunden ist (»Le vieux Paris n'est plus«): an die Baustellen auf dem Platz, auf dem vormals die »ménagerie« stand, und an einen Schwan, der aus seinem Käfig entwichen war und, im Staub des Pflasters, mit zuckendem Hals den Kopf zum Himmel gereckt hatte, als wollte er Gott anklagen (»Comme s'il adressait des reproches à Dieu«).

Im zweiten Teil des Gedichts spricht der Dichter dann wieder vom sich verändernden Paris (»Paris change!«); von seiner demgegenüber unveränderlichen Melancholie; vom Schwan, den er nun großartig nennt (»mon grand cygne«) und den er in seinen zugleich lächerlichen und erhabenen Gesten mit Exilierten vergleicht; von Andromache als der Geliebten des Pyrrhus, der Witwe Hektors und der Frau des Helenus; und von ausgezehrten Negerinnen, die sich zurück nach Afrika sehnen. Das Gedicht schließt mit dem Gedenken an alle Leidenden, an schiffbrüchige Matrosen, die auf einer einsamen Insel vergessen sind, an Gefangene und Besiegte – »à bien d'autres encor!«.

»Le Cygne« steckt voll Anspielungen. Voll literarischer Anspielungen einerseits – etwa auf Vergils »Aeneis«, Ovids »Metamorphosen« oder Racines »Andromaque«; andrerseits voll historischer Anspielungen – vor allem auf die städtebaulichen Veränderungen, denen Paris in den 50er Jahren des vorigen Jahrhunderts ausgesetzt war. Sie fallen in die Zeit des Second Empire, der Herrschaft Napoleons III. Daß Baudelaire ihr distanziert-kritisch gegenüberstand, kann man schon aus der Widmung des Gedichts erschließen: es ist Victor Hugo zugeeignet, der nach dem Staatsstreich Napoleons vom 2. 12. 1851 exiliert war und noch 1859 seine Amnestierung abgelehnt hatte. Indem Baudelaire der politischen Emigranten, allen voran Victor

Hugos, gedenkt, ergreift er Partei: für die demokratische Opposition, gegen Napoleon.

Soweit mag der politische Gehalt des Gedichts eindeutig sein; weitere Bezüge müssen jedoch unbestimmter bleiben, weil sie offensichtlich mythologisch verschlüsselt sind: in der Figur Andromaches und in der Gestalt des Schwans. Andromache, die Witwe Hektors, die Geliebte des Pyrrhus und die Gattin des Helenus, mag für das wankelmütige französische Bürgertum stehen, das sich, nach dem »juste milieu« Louis Philippes und der Republik, schließlich sogar mit Napoleon III. arrangiert hat. Der Schwan, als Bild der »Révolté«, »zur Stunde, da unter hellen Frosthimmeln die Arbeit erwacht« (»à l'heure où sous les cieux/ Froids et clairs le Travail s'éveille«),[14] wie es in der 4. Strophe heißt – der Schwan also mag für den Aufstand der Pariser Arbeiter im Juni 1848 stehen und damit zugleich von Baudelaires – allenfalls vorübergehender – Nähe zu den Frühsozialisten zeugen. Doch diese Bezüge sind kaum eindeutig zu bestimmen und in der Forschung auch umstritten. Unumstritten ist mittlerweile lediglich, *daß* die mythischen Motive in »Le Cygne« eine politische Bedeutung haben[15] – und nicht etwa, wie es Hans Robert Jauß noch 1960 behauptete, ohne »Verweisungscharakter« sind: ein »unentschlüsselbares Signum der Dingwelt«.[16]

»Le Cygne« ist ein hochliterarisches, artifizielles, geradezu hermetisches Gedicht. Es spricht eine hohe Sprache, die kompliziert, verschlüsselt und pathetisch ist. Es mag *vom* Proletariat reden; *zum* Proletariat redet es nicht. Darin unterscheidet es sich von späterer politischer Lyrik, zumal der sozialistischen Majakovskijs und Brechts, die immer einfacher, direkter und volksnäher geworden ist: eine betont kunstlose Kunst, die ganz auf Wirksamkeit und Verständlichkeit setzt und auch vor Agitation nicht zurückschreckt. Gleichwohl gibt es selbst nach Baudelaire, ja sogar noch nach Brecht schwierige, wenn nicht hermetische politische Lyrik. W. H. Audens »Spain 1937« mit seinen erlesenen Versmaßen und seiner hohen Sprache ist dafür ebenso ein Beispiel wie Ezra Pounds ohne Hilfsmittel fast unverständliche »Cantos« oder auch Paul Celans spätes Gedicht »Du liegst im großen Gelausche«, das kunstvoll verschlüsselte Bezüge zu der Ermordung Karl Liebknechts und Rosa Luxemburgs enthält.[17]

3.

Wenn man an die wichtigsten Vertreter engagierter moderner Lyrik denkt: von Rimbaud über Majakovskij und Brecht, García Lorca und Neruda, Janis Ritsos und Nazim Hikmet bis hin zu Jewgenij Jewtuschenko, Franco Fortini und H. M. Enzensberger – dann mag die Versuchung groß sein, sie als engagiert nur in einem bestimmten Sinn zu begreifen: als engagiert für politischen Fortschritt, für radikale Demokratie und, womöglich, demokratischen Sozialismus. Sogar Adorno hat noch in der »Ästhetischen Theorie« mit diesem Gedanken gespielt. Vor Stalin, so schreibt er, hätten sich »künstlerisch und politisch avancierte Gesinnung«[18] so oft gepaart, daß man den Eindruck hätte haben können, moderne Kunst sei »a priori politisch links«.[19] Vor allem die Surrealisten dürften dafür ein gutes Beispiel abgeben: zu ihrer ›künstlerisch avancierten Gesinnung‹ ist die ›politisch avancierte‹ schnell hinzugekommen. Auch durch den Gegenbeweis ließe sich die These stützen: die nationalsozialistische Lyrik, wie sie in den 30er und 40er Jahren in Deutschland geschrieben wurde, ist betont traditionalistisch und anti-modernistisch.[20]

Gleichwohl geht die Rechnung so einfach nicht auf. Man braucht nur an Stefan George zu denken, mit dem in Deutschland die moderne Lyrik beginnt. Mag er damit zumindest für eine Zeit zu den ›künstlerisch avancierten‹ Dichtern gezählt haben, so war er doch nie der politischen Linken zuzurechnen. Der Höhepunkt seiner politischen Lyrik ist der Band »Das Neue Reich«, der als Entwurf einer »konservativen Utopie«[21] bezeichnet worden ist. In dem programmatischen Gedicht »Der Dichter in Zeiten der Wirren« hat George sein Selbstverständnis formuliert: der Dichter als »seher« und »mahner«,[22] der für »Ein jung geschlecht« das »Neue Reich« heraufführt, »wo grosses wiederum gross ist/Herr wiederum herr·zucht wiederum zucht«.[23] Fast alle George-Interpreten haben sich beeilt zu versichern, daß mit diesem »Neuen Reich« keineswegs das Dritte gemeint gewesen sei; und tatsächlich hat sich George auch den Nationalsozialisten still, aber unmißverständlich entzogen. Gleichwohl hat schon 1934 Ludwig Marcuse, aus dem Exil heraus, bemerkt, daß George »nur persönlich, aber nicht geistesgeschichtlich«[24] den Nationalsozialisten ferngestanden habe; und Gottfried Benn glaubte 1933 sogar in den Gedichten Georges den »Kolonnenschritt der braunen Bataillone«[25] gehört zu haben.

Der Fall George war nicht nur ein Fall George. Eine »Neigung zu extremen politischen Ansichten«, die »öfter konservativ oder sogar reaktionär als progressiv« waren,[26] hat bereits Michael Hamburger bei manchen modernen Lyrikern festgestellt. Das beste Beispiel dafür dürften die italienischen Futuristen um Marinetti abgeben. Die Surrealisten mögen die erste Gruppe moderner Dichter sein, die sich, zumindest zeitweise, für den Kommunismus eingesetzt hat. Die Futuristen jedoch waren die erste Gruppe, die sich überhaupt politisch engagiert hat – allerdings für den Faschismus.[27] Schon 1919, nachdem er mit seiner futuristischen Partei, der »Partito Futurista Italiano«, gescheitert war, schloß sich Marinetti Mussolinis Faschisten an, und 1924, nachdem er sich für kurze Zeit aus der Politik zurückgezogen hatte, ließ er seine programmatische Schrift »Futurismo e fascismo« (»Futurismus und Faschismus«) erscheinen. Die Futuristen standen mit ihrem Engagement schon bald nicht mehr allein da. Es genügt an Rilkes, Yeats', Wallace Stevens' oder D. H. Lawrences Begeisterung für Mussolini zu erinnern – von T. S. Eliots Bekenntnis zu Charles Maurras' reaktionärer »Action Française« ganz zu schweigen. Zum Skandal geworden ist diese politische Neigung aber erst bei zwei anderen modernen Lyrikern: bei Gottfried Benn und Ezra Pound.

Benn hat sich 1933 in seinem Essay »Der neue Staat und die Intellektuellen« den Nationalsozialisten als geistesverwandter Expressionist angeboten und damit den Anlaß gegeben für die sogenannte Expressionismus-Debatte, in der er den kommunistischen Gegnern des Expressionismus manches Argument geliefert hat. So hat etwa Alfred Kurella gleich zu Beginn der Kontroverse behauptet, durch Benn sei klar geworden, »wes Geistes Kind der Expressionismus war, und wohin dieser Geist, ganz befolgt, führt: in den Faschismus«.[28] Diese Argumentation hatte nur einen Schönheitsfehler: für die Nationalsozialisten, zumindest die um Alfred Rosenberg, war gerade der Expressionismus der Inbegriff ›entarteter Kunst‹. An diesem nicht ganz unwesentlichen Umstand ist auch Benns Engagement für das Dritte Reich gescheitert: er wollte dem Expressionismus nicht abschwören.

Ezra Pounds Eintreten für den italienischen Faschismus war von größerer Dauer. Seit er 1925 nach Rapallo übergesiedelt war, setzte er sich unermüdlich für Mussolini ein, dem er sogar über den Tod hinaus die Treue hielt. Während des Krieges verlas er außerdem über Radio Rom Rundfunkansprachen an seine amerikanischen Landsleute, um sie vom Kriegseintritt gegen Italien abzuhalten. Es ist schwer zu sagen, wieweit das amerikanische Volk diese rhetorisch nicht eben mitreißenden, auch nicht gerade leicht verständlichen Reden überhaupt zur Kenntnis genommen hat. Sie trugen Pound jedenfalls eine Anklage wegen Hochverrats und die Einweisung ins Irrenhaus ein.

Die Interpreten Benns haben sich schwer getan, Spuren seines Engagements für den Nationalsozialismus in seinen Gedichten zu finden. Sie sind dabei immer nur auf seinen eigentümlichen Atavismus gestoßen, den sie ›protofaschistisch‹ genannt haben.[29] Doch richtige Propaganda-Lyrik hat Benn nicht geschrieben – einfach weil er ein Anhänger der ›autonomen‹, der ›absoluten‹ Kunst war. Anders Pound. Seine »Cantos«, zumal die sogenannten mittleren (XXXI-LXXI), geben seine politischen Ansichten fast so deutlich wieder wie seine Reden und Essays: seine Mussolini-Verehrung (etwa Canto XLI), seinen mitunter geifernden Antisemitismus (etwa Canto XXXV), schließlich immer wieder seine anti-kapitalistische Theorie des Wuchers (»Usura«), den er für den üblen Zustand der Welt verantwortlich machte (etwa Canto XLV oder XLVI). Man hat die »Cantos« deshalb gelegentlich ein »faschistisches Epos« genannt[30] – was sie sicher nicht *nur,* aber sicher *auch* sind. Auf jeden Fall sind Benn und Pound besonders instruktive Beispiele für »reaktionäre Avantgarde«[31] – genauso wie Marinetti.

Sowenig wie sich literarische Avantgarde und reaktionäre Politik ausschließen, muß sich im übrigen ›progressive‹ Politik mit literarischer Avantgarde verbünden. Die Verurteilung des Expressionismus durch die kommunistischen Kulturpolitiker in den 30er Jahren ist dafür ein Beispiel; Majakovskijs politisch bedingte Wandlung vom futuristischen Avantgardisten zum sozialistischen Realisten ein anderes.[32] Selbst Brechts ungleich subtilere sozialistische Lyrik ist nicht avantgardistisch. Sie kann das auch gar nicht sein, weil ihr erstes Ziel nicht die Weiterentwicklung lyrischer Ausdrucksweisen, sondern die möglichst massenwirksame politische Beeinflussung ist.

Mit diesen diffizilen Verhältnissen mag es zusammenhängen, daß der Begriff der Avantgarde seinen Glanz eingebüßt hat. Die alte Begeisterung ist längst einer grundsätzlichen Skepsis gewichen. Schon 1962 hat Hans Magnus Enzensberger die »Aporien der Avantgarde« beschrieben, heutiger ebenso wie früherer. Zum erstenmal als »doktrinärer Clan« hat sich nach seiner Ansicht die Avantgarde im Futurismus »organisiert«: »und sie hat schon damals die blinde Aktion und die offene Gewalt gepriesen«.[33] Dem Surrealismus, »das vollkommenste Modell aller avantgardistischen Bewegungen«,[34] hat Enzensberger vor allem die »Entwicklung zu einer bornierten Sekte«[35] angelastet, die Annäherung nicht an den Faschismus, sondern an den Stalinismus.

Solche Vorbehalte gegen literarischen Avantgardismus müssen auf die Einschätzung »innerästhetischen Fortschritts«[36] generell zurückwirken. Daß er mit irgendeinem anderen, zumal gesellschaftlichen oder politischen Fortschritt notwendig »verschwistert« sei,[37] läßt sich kaum behaupten – weder im Hinblick auf Gruppierungen und Richtungen noch auf einzelne Kunstmittel oder künstlerische Verfahren. Die Montage etwa, spätestens seit Adornos Bemerkungen über sie, ein Lieblingskind kritischer Literaturwissenschaft,[38] mag zu ihrer Zeit das Paradigma eines ästhetisch fortschrittlichen Verfahrens gewesen sein. Doch daß sie deshalb eine auch sonst, insbesondere politisch progressive Lyrik garantiere, ist nicht mehr als ein schöner Traum. Schließlich haben sich ihrer, in den 20er Jahren, gleichermaßen die fortschrittlichen Surrealisten und politisch eher reaktionäre Dichter wie Benn oder Eliot bedient.

4.

Die politische Lyrik vor allem der letzten dreißig Jahre hat von diesen diffizilen Verhältnissen durchaus profitiert. Sie ist mittlerweile nicht nur technisch auf der Höhe moderner Lyrik (was sie nicht immer war), sondern auch ähnlich reich an Spannungen wie diese im Ganzen – ohne Scheu vor vermeintlich ideologisch vorbelasteten Formen oder Themen. Man kann das besonders deutlich an Hans Magnus Enzensberger sehen. Mit seinem Namen – mehr als mit jedem anderen – verbindet sich in Deutschland die Vorstellung von einer engagierten Lyrik nach Brecht, aber noch in der Art Brechts. Vor allem mit den »Bösen Gedichten« aus der »Verteidigung der Wölfe«, seinem ersten Lyrik-Band, hat sich Enzensberger den Ruf erworben, der eigentliche Erbe Brechts in der westdeutschen Literatur zu sein. Die »linke Grundstimmung«[39] seiner politischen Gedichte mag eine solche Charakterisierung auch rechtfertigen. Gleichwohl hat sich Enzensberger bereits in den 60er Jahren kritisch mit Brecht auseinandergesetzt, zumal in seinem Gedicht »Weiterung« aus dem Band »Blindenschrift«. Die ideologischen Unterschiede zwischen ihnen sind auch nicht zu übersehen – und waren es schon in den 50er Jahren nicht. Als Vertreter der Neuen Linken hat Enzensberger sich nicht nur von kommunistischen Parteien ferngehalten (und sich für Anarchisten wie Bakunin oder Durrutti viel mehr interessiert). Er hat auch seine politischen Hoffnungen nie auf das Proletariat gesetzt. Er ist, mit den Jahren immer deutlicher, eher ein desillusionierter Aufklärer, der nichts lieber tut, als Dogmen abzuschwören – gerade linken.

Auch poetisch hat sich Enzensberger nicht auf die Tradition sozialistischer Lyrik einschwören lassen, nicht einmal einer sozialistischen Lyrik nach dem Vorbild Brechts. Lakonische Schlichtheit, plane Verständlichkeit, gar Eindeutigkeit der Aussage waren nie seine stilistischen Ideale. Seine Lyrik ist eher rhetorisch-elegant und im Zweifelsfall dem Raffinierten mehr zugetan als dem Volkstümlichen. Das hängt auch damit zusammen, daß Enzensberger technisch von Benn nicht weniger übernommen hat als von Brecht. Zumal in seinen Montagegedichten hat er sich an Benn orientiert, ohne jedoch dessen atavistische Neigungen zu teilen. In seinem »Mausoleum«, einer Sammlung von 37 Porträtgedichten »aus der Geschichte des Fortschritts«, deren formales Vorbild Benns »Chopin« ist, dient ihm die Montage in der Aufdeckung von Widersprüchen vielmehr als ein Mittel ›fortschrittlicher‹ Kritik am – technisch-ökonomischen – Fortschritt wie am – politischen – Fortschrittsgedanken. Typisch sind die Verse über das Ende Ernesto Che Guevaras, die der Legendenbildung entgegenarbeiten, indem sie beharrlich Widersprüche aufdecken, auch die Widersprüche des Revolutionärs:

> Schon *breitete sich die Legende aus wie ein Schaum. Supermen*
> *sind wir bereits, unbesiegbar.* (Immer diese tödliche Ironie,
> unbemerkt von den Genossen.) *Ein menschliches Wrack,* ein Idol.
> *Wir hätten ihn angestellt,* annoncierten unter seinen Todfeinden
> die fortschrittlichsten. Stattdessen stellten sie seine Leiche aus
> mit abgeschnittenen Händen. [...][40]

Auch Enzensbergers Ironie, die Freunde wie Feinde trifft, ist von seinen Genossen nicht immer bemerkt worden. Seine konservativen Kritiker, die für sie vielleicht mehr Gespür haben, hat sie dagegen irritiert. »Ist er ein Bahnbrecher und Neutöner«, hat Hans Egon Holthusen gefragt, »oder nicht vielmehr ein mit allen Wassern gewaschener Spätling«? »Ist er ein *poeta doctus* [...] oder ist er ein potentieller Barrikadenkämpfer, vielleicht auch ein auf die Barrikade gestiegener *poeta doctus?* Ist er ein Moralist oder ein formalistischer Virtuose, womöglich ein als Moralist verkleideter Virtuose?«[41]

Enzensberger ist nicht der einzige engagierte Lyriker nach Brecht, der solche ratlosen Fragen provoziert hat. Peter Rühmkorf, Enzensbergers ebenbürtiger Generationsgenosse, hat in seinem Gedicht »Ich butter meinen Toast von beiden Seiten« pointiert bemerkt: »in einen Kopf passen viele Widersprüche«.[42] In *seinen* auch. Widersprüche (wenn es wirklich welche sind) nicht zur zwischen fortschrittlicher Politik und traditionsbewußter, anspielungsreicher Poesie. Widersprüche auch zwischen ideologisch eindeutigem Engagement und allfälliger Ironie, noch dazu einer kunstvoll kaschierten und reflektierten, ja potenzierten Ironie, einer »Ironie dritten Grades« (wie es in dem frühen Gedicht »Einer der Allergeringsten« heißt).[43] In dem »Mailied für eine junge Genossin«, das ein politisches, ein erotisches und ein poetologisches Gedicht ist, finden sich etwa die Verse

> Gestern Kommunist – morgen Kommunist,
> aber doch nicht jetzt,
> beim Dichten?!
>
> Kunst als Waffe? Da sei Majakovskij vor![44]

Solche Lyrik ist nicht mehr oder noch nicht wieder autonom, nur unabhängig – von ideologischen wie von ästhetischen Vorurteilen, mit denen sie kunstvoll spielt. Engagiert und raffiniert, parteilich und ironisch zugleich, bewegt sie sich in der Mitte zwischen Populismus und Avantgardismus. So etwas wie eine Parteilinie geht dabei natürlich verloren. Die Poesie mischt sich zwar weiterhin in die Politik ein, hält dabei jedoch auf Distanz. Jenseits aller ›Absolutheit‹ versucht sie ihre Eigenständigkeit zu wahren. Sie versteht sich nicht mehr als Magd der Politik, nur als eine Verbündete (eine Genossin sozusagen), die das Bündnis jederzeit aufkündigen kann, wenn ihre Rechte bedroht sind.

5.

Die moderne Lyrik, so scheint es, ist komplizierter als alle politischen Theorien über sie. Dieser Eindruck bestätigt sich, wenn man sich einer anderen diffizilen Gruppe moderner Gedichte zuwendet: der Lyrik über den Holocaust. Wenn es nach einigen Theoretikern moderner Poesie ginge, dürfte es diese Gedichte gar nicht geben. Denn den Holocaust, die massenhafte Verfolgung und Vernichtung der europäischen Juden durch die Nationalsozialisten, künstlerisch, zumal lyrisch darzustellen, halten sie für unmöglich, wenn nicht gar für unmoralisch.[45] Trotzdem gibt es, seit mehr als vier Jahrzehnten, solche Holocaust-Lyrik: Gedichte nicht nur *nach* Auschwitz, sondern auch *über* Auschwitz.

Es mag sich von selber verstehen, daß es vor allem jüdische Dichter sind, die sich diesem Thema gewidmet haben: Dichter, die mittelbar oder unmittelbar vom Holocaust betroffen waren – wie Paul Celan (»Todesfuge«), Nelly Sachs (»In den Wohnungen des Todes«), Anthony Hecht (»More light! More light!«), Abba Kovner (»Achoti Ha-K'tana« – »Meine kleine Schwester«), Primo Levi (»Shemâ«) oder Charles Reznikoff (»Holocaust«). Doch gibt es andrerseits auch eine stattliche Anzahl von nicht-jüdischen Lyrikern, die Gedichte über den Holocaust geschrieben haben: Czesław Miłosz (»Armer Christ sieht das Ghetto«), Tadeusz Różewicz (»Posthume Rehabilitierung«), Jewgenij Jewtuschenko (»Babij Jar«), Randall Jarrell (»A Camp in the Prussian Forest«), Hans Magnus Enzensberger (»Die Verschwundenen«), Wolfdietrich Schnurre (»Befragung des Kalks«) und Richard Exner (»Nach Auschwitz«).

Die Lyrik über den Holocaust ist politische Lyrik – und schon nicht mehr politische Lyrik. Sie ist parteilich, aber nicht im üblichen Sinn. Wie vielleicht keine andere engagierte Dichtung ist sie der Idee der Humanität verpflichtet. Denn sie handelt von einem Verbrechen gegen die Menschlichkeit, im völkerrechtlichen und mehr noch im moralischen Verständnis. Deshalb spricht sie auch zumeist von den Opfern. Zwar gibt es einige Gedichte, die Tätern gelten, wie die Eichmann-Gedichte Denise Levertovs (»During the Eichmann Trial«), Michael Hamburgers (»In a Cold Season«), Leonard Cohens (»All There Is to Know About Adolf Eichmann«) oder Primo Levis (»Per Adolf Eichmann«). Doch nicht Anklage gegen die Täter steht im Mittelpunkt der Holocaust-Lyrik, sondern die Trauer um die

Opfer. Darin mag sich eine Grenze aller engagierten Literatur zeigen, und besonders dieser: die Ohnmacht der Dichter vor Mördern, die unerreichbar für poetischen Protest sind. Doch zeigt sich darin genauso die spezielle Humanität der Holocaust-Lyrik: als Mit-Leid mit den Leidenden, als Erinnerung an die Opfer. Indem sie der Toten gedenkt, richtet sie die Täter.

Schon von ihrem Gegenstand her ist alle Lyrik über den Holocaust extrem. Sie ist es in der Regel auch künstlerisch: als nicht mehr schöne Kunst, als Kunst auf der äußersten Grenze der Kunst. Die Nicht-mehr-Schönheit scheint der Preis für die Darstellbarkeit des Holocaust zu sein. Scham, Trauer, Entsetzen, Hilflosigkeit, Zorn führen diese Gedichte immer wieder an das Schweigen, an das Verstummen heran. Um zu vermitteln, was sich nur schwer künstlerisch vermitteln läßt, greifen sie zum Mittel des Schocks – des Schocks allerdings, der aus der Konfrontation mit einer unfaßbaren Wirklichkeit entsteht. Schon deshalb kann ein künstlerisch wirkungsvolles Gedicht über den Holocaust kaum traditionell sein. Und wenn es künstlerisch gelungen, womöglich schön erscheint, dann ist das schon ein Grund zum Mißtrauen.

Das läßt sich besonders deutlich an dem bekanntesten Gedicht über Auschwitz sehen: an Paul Celans »Todesfuge«. Es ist immer wieder kritisiert worden, nicht obwohl, sondern *weil* es ein kunstvolles Gebilde ist. Kunstvoll komponiert nach Art einer Fuge in der »Kunst kontrapunktischer Stimmführung«,[46] präsentiert es einen Chor – oder vielleicht besser: einen Kanon – jüdischer Stimmen vor dem Verstummen. Das Leben und Sterben in einem Vernichtungslager wird von Celan nicht eigentlich ästhetisiert; auch mildert die metaphorische Sprechweise (»Der Tod ist ein Meister aus Deutschland«) das Grauen nicht ab. Doch allein die ›raffinierte‹ Komposition des Gedichts hat bereits manche Kritiker wie Reinhard Baumgart fragen lassen, ob es hier »nicht schon zuviel Genuß an Kunst«[47] gebe. Solche Zweifel zeigen an, auf welch schmalem Grad sich die Holocaust-Lyrik bewegt: ästhetische Kritik an ihr ist fast immer auch bereits moralische Kritik.

Solche Kritik wird man kaum gegen ein anderes Gedicht Celans vorbringen können: gegen »Chymisch«, das 1963 in dem Band »Die Niemandsrose« erschienen ist:

Schweigen, wie Gold gekocht, in
verkohlten
Händen.

Große, graue,
wie alles Verlorene nahe
Schwestergestalt:

Alle die Namen, alle die mit-
verbrannten
Namen. Soviel
zu segnende Asche. Soviel
gewonnenes Land
über
den leichten, so leichten
Seelen-
ringen.

Große, Graue. Schlacken-
lose.

Du, damals.
Du mit der fahlen,
aufgebissenen Knospe.
Du in der Weinflut.

(Nicht wahr, auch uns
entließ die Uhr?
Gut,
gut, wie den Wort hier vorbeistarb.)

Schweigen, wie Gold gekocht, in
verkohlten, verkohlten
Händen.
Finger, rauchdünn. Wie Kronen, Luftkronen
um – –

Große. Graue. Fährte-
lose.
König-
liche.[48]

Dieses Gedicht ist in vielem geradezu eine Summe der Holocaust-Lyrik: von den Motiven, von der Sprache, von der Form, von der Haltung her. Es ist ein modernes Gedicht, das den Sachverhalt, von dem es spricht, sprachlich verfremdet, um ihn zu verarbeiten – aber nicht in einer schönen, sondern in einer zerstückelten und beschädigten Sprache. Die »Schwestergestalt« als ›nahe Verlorene‹, als ›fährtelos‹ und in doppeltem Sinn unfaßbar Verschwundene; die Feuer-Bilder, die teils im übertragenen (»Schweigen, wie Gold gekocht«), teils im wörtlichen Sinn (»Soviel/zu segnende Asche«) zu verstehen sind; die Vorstellung von Anorganischem (»Asche«, »Luft«, »Rauch«), in das sich menschliches Leben verflüchtigt hat; die zahlreichen Wiederholungen, die mal für das Wieder-Holen der Toten in der Erinnerung, mal für die massenhafte Wiederholung der Ermordung stehen; die elliptischen Sätze, deren Lücken auf »Verlorenes« und Verschwundenes hinweisen; die nicht nur Wortgruppen (»nahe/ Schwestergestalt«), auch Wörter (»Seelen-/ringe«) symbolisch zerteilende, trennende Versgliederung; der fragmentarische Charakter der vorletzten Strophe, die in das gleich zweimal zitierte Schweigen übergeht; schließlich die eigentümliche Mischung aus Trauer, Verzweiflung und Entsetzen einerseits, die hochgemute Beschwörung, ja Verehrung des Opfers andrerseits – das alles sind vielleicht extreme, für die Gedichte über den Holocaust aber nicht ungewöhnliche Mittel, über das zu sprechen, worüber sich künstlerisch kaum sprechen läßt.

Die nicht zuletzt unter Literaturwissenschaftlern weitverbreitete Ansicht, daß es unmöglich sei, Lyrik über den Holocaust zu schreiben, kann vor solchen Gedichten Paul Celans nicht bestehen. Bezeichnenderweise haben sie sogar Adorno veranlaßt, sein Urteil über Lyrik nach Auschwitz zu überdenken.[49] Die Gedichte Celans beweisen tatsächlich geradezu das Gegenteil dessen, was man, Adorno folgend, oft behauptet hat und behauptet – nämlich daß es noch am ehesten mit den Mitteln der modernen Lyrik möglich ist, den Holocaust künstlerisch gültig darzustellen.

VI. Post-Moderne-Lyrik: Ein Ausblick

1.

»Die moderne Lyrik ist hundert Jahre alt. Sie gehört der Geschichte an.«[1] Das schrieb schon 1960 Hans Magnus Enzensberger im Vorwort zu seinem »Museum der modernen Poesie«. Inzwischen ist die moderne Lyrik um weitere 30 Jahre gealtert, und das Urteil Enzensbergers scheint noch mehr Berechtigung zu haben. Wenn es nach manchen Literaten, Literaturkritikern und Literaturtheoretikern geht, die bereits, zumeist im Chor, Abgesänge auf die Moderne anstimmen, dann ist ihre Zeit unwiderruflich vorbei: die Post-Moderne ist angesagt.

Der Ausdruck mag nicht jedem leicht von den Lippen gehen, schon aus terminologischen Gründen. Weil ›Moderne‹ ein dynamischer Begriff ist, der das Altern der Moderne und ihre Ablösung durch eine andere immer schon impliziert, kann der Ausdruck ›Post-Moderne‹ leicht tautologisch erscheinen: auch die ›Post-Moderne« ist genaugenommen nur eine ›Moderne‹ – die ›Moderne nach der Moderne‹.[2] Dies einmal zugestanden, dürfte es jedoch kaum zu bestreiten sein, daß die moderne Lyrik Alterserscheinungen zeigt.

Seit den 30er, spätestens seit den 40er Jahren fehlt es ihr an großen poetischen Innovationen. Der tiefe Bruch mit der Tradition fand zwischen dem Symbolismus und dem Surrealismus statt: er verbürgte die Modernität der modernen Poesie. Seither geht die Entwicklung eher zu einem moderaten Modernismus. Die moderne Lyrik, so scheint es, hat ihre dynamischen Jahre hinter sich; die Autoren begnügen sich offenbar eher damit, die Errungenschaften der Moderne – mehr oder weniger – virtuos zu verwalten, als sie weiterzuentwickeln. Darin kann man durchaus ein Zeichen der Erschöpfung, der Stagnation sehen.

Hinzu kommt, daß die moderne Lyrik ihre Homogenität eingebüßt hat. »Ihre Weltsprache«, hat Enzensberger 1979 im Nachwort zum Vorwort seiner Anthologie festgestellt, »ist unterdessen in zahllose

Dialekte zerfallen. Weit entfernt davon, sich nach den ›klassischen‹ Mustern zu orientieren, ist die Poesie der letzten Jahrzehnte immer heterogener und regionaler geworden«.[3] Dieser Zuwachs an poetischer »Mannigfaltigkeit«[4] zeigt sich im Kleinen so gut wie im Großen: längst gilt z. B. als typisch modern nicht mehr nur, wie in ihren Anfängen, eine dizidiert anti-realistische, sondern auch schon eine realistische Lyrik.

Insofern kann es nicht verwundern, daß bereits von einer nachmodernen, einer post-modernen Lyrik die Rede ist, und das nicht erst seit gestern. Ja, die Proklamationen der Post-Moderne können mittlerweile selbst Jubiläen feiern: auch sie gehören der Geschichte an. Daß zum Beispiel der amerikanische Literaturkritiker Leslie Fiedler das Ende der Moderne ausgerufen hat, ist inzwischen mehr als zwei Jahrzehnte her. Die Frage, die damals Reinhard Baumgart stellte: was denn nun nach der modernen Literatur komme,[5] scheint aber noch immer naheliegend – und nur schwer beantwortbar zu sein. Denn was, immer mal wieder, als Literatur der Nach-, Post- oder Trans-Moderne ausgegeben wird, hat sich nicht sehr profiliert: ihre Konturen sind unscharf geblieben. Was an ihr so epochal neu sein soll, ist offensichtlich auch für ihre Propagandisten nicht leicht zu sagen. Sicher scheint allein, was sie *nicht* sein soll: modern. Doch selbst die Negation ist in diesem Fall nicht eindeutig. Denn *die* moderne Lyrik gibt es schon lange nicht mehr.

Als Leslie Fiedler 1968 das »Zeitalter der neuen Literatur« anbrechen sah, war neu vor allem die Pop- und Underground-Literatur: die amerikanische zuerst, dann auch die deutsche, die sich gerade bildete. Lawrence Ferlinghetti, Michael McClure, Ted Berrigan, Paul Blackburn und Ed Sanders waren ihre – damals – bekanntesten Vertreter. Sie in Deutschland bekannt zu machen hat vor allem Rolf Dieter Brinkmann versucht, mit seinen beiden, ausdrücklich der »postmodernen Literatur« gewidmeten Anthologien »Acid« und »Silver Screen«, die beide 1969 erschienen. Im Gegensatz zur Pop-Musik war diese Pop-Lyrik selbst nicht besonders populär. Sie war im Grunde oft noch anspruchsvolle, ja schwierige Literatur, die sich allerdings mit Feuereifer der ›Trivialmythen‹ der populären Kultur annahm. Mehr noch als mit ihren ›niedrigen‹ Gegenständen und mit ihrem zeitgemäßen Hang zu »Magie, Vision, Ekstase«[6] wollte sie mit ihrer Sprache schockieren: sie war voller Obszönitäten und lehnte sich an wechselnden Slang an – Kunst als Anti-Kunst.

Aus dieser Pop-Lyrik hervorgegangen ist in Deutschland das, was man in Anlehnung an ein von Herbert Marcuse geprägtes Schlagwort die Poesie der »Neuen Sensibilität« genannt hat.[7] Mit diesem Ausdruck verband sich ein kulturrevolutionäres Programm, und als revolutionär wollte auch die neue Literatur angesehen werden. Aufsehen erregt hat sie vor allem in der Lyrik: als eine neue Art von Erlebnislyrik. Sie ist zwar entschieden realistisch, in ihrer Sprache ebenso wie in der Wahl von Themen aus dem alltäglichen Leben; dabei jedoch geradezug spielerisch locker – frei von allem pathetischem Ernst, wie er traditioneller Erlebnisdichtung eigen ist. Die Lyrik der Neuen Sensibilität ist vielmehr auf eine eher private, nicht selten intime Weise subjektiv und vor allem sinnlich: von einer geradezu demonstrativen Lust an aller sinnlich faßbaren Oberfläche bestimmt. Der wichtigste Vertreter dieser neuen Lyrik war Rolf Dieter Brinkmann; sein wohl bekanntestes Gedicht ist

Einen jener klassischen

schwarzen Tangos in Köln, Ende des
Monats August, da der Sommer schon

ganz verstaubt ist, kurz nach Laden
Schluß aus der offenen Tür einer

dunklen Wirtschaft, die einem
Griechen gehört, hören, ist beinahe

ein Wunder: für einen Moment eine
Überraschung, für einen Moment

Aufatmen, für einen Moment
eine Pause in dieser Straße,

die niemand liebt und atemlos
macht, beim Hindurchgehen. Ich
schrieb das schnell auf, bevor
der Moment in der verfluchten

dunstigen Abgestorbenheit Kölns
wieder erlosch.[8]

In diesem Gedicht ist fast alles enthalten, was die Lyrik der Neuen Sensibilität ausmacht: vom Kult populärer Musik, die hier in schöner Umkehrung der üblichen Maßstäbe zur klassischen erklärt wird, bis hin zum Kult des Augenblicks, des momenthaften Erlebnisses, das die Eintönigkeit des gewöhnlichen (Großstadt-)Lebens plötzlich unterbricht. Es ist darüber hinaus zumindest in der Wortwahl der Alltagssprache nahe, bis hin zum Fluch. Die a-syntaktische Versgliederung ist jedoch weniger kunstlos, als sie auf den ersten Blick erscheinen mag. Sie betont nicht nur einige Schlüsselwörter des Textes wie »Moment«, »Überraschung« oder »Ich« durch ihre Plazierung am Versanfang oder am Versende; sie signalisiert auch immer wieder die Atemlosigkeit des Sprechers in der »verfluchten/ dunstigen Abgestorbenheit« der Großstadt.

Zu behaupten, daß solche Lyrik eine literarische Revolution bewirkt hätte, daß sie gar das Ende der Moderne markierte, hieße aber, sie zu überschätzen. Nicht nur, daß es ihr – von wenigen Ausnahmen abgesehen – an poetischem Gewicht fehlt, gerade im Vergleich mit moderner Lyrik von Rang; auch ihre Themen haben sich schnell verbraucht. Zumindest international gesehen, erscheint die neue realistische Lyrik außerdem so innovativ nicht. In Deutschland mag sie Aufsehen erregt haben, weil hier die Kluft zwischen moderner Lyrik und Erlebnislyrik tiefer ist als etwa in den USA oder in Italien. Doch längst gehört auch realistische Dichtung zum Bestand moderner Lyrik; dafür stehen etwa die Namen Brecht oder Williams. Schließlich hat selbst die neue Pop-Lyrik ihre Tradition in der Moderne; bezeichnenderweise ist das wichtigste Vorbild für Brinkmann und andere Lyriker der Neuen Sensibilität kein anderer als William Carlos Williams gewesen.

Nicht zuletzt aus diesen Gründen ist es der post-modernen Lyrik nicht gelungen, sich gegen die moderne durchzusetzen und sie zu verdrängen – wie es doch sein müßte, wenn man von einer neuen Epoche sprechen wollte. Vergewissert man sich einmal, welche Dichter in den letzten 20 bis 25 Jahren international die zeitgenössische Lyrik geprägt haben, so stößt man durchweg auf Autoren, die der Tradition der Moderne noch, in welcher Weise auch immer, verbunden sind: Anna Achmatova, Jewgenij Jewtuschenko und Jossif Brodskij in der russischen; Czesław Miłosz, Tadeusz Różewicz und Zbigniew Herbert in der polnischen Literatur; Yves Bonnefoy, Philippe Jaccottet und André Du Bouchet in der französischen; Franco Fortini und Pier Paolo Pasolini in der italienischen Literatur; Octavio Paz und Nicanor Parra in der südamerikanischen; Robert Lowell und Allen Ginsburg in der nordamerikanischen Literatur; schließlich Paul Celan, Hans Magnus Enzensberger, Peter Rühmkorf und Reiner Kunze in der deutschen Literatur. Zumindest in der Lyrik ist die von Odo Marquard behauptete »Resistenz der Moderne gegen die Postmoderne«[9] kaum zu übersehen: Nach der Post-Moderne scheint wieder die Moderne zu kommen, fürs erste wenigstens. Wenn Enzensberger sein »Museum der modernen Poesie« mit dem Ende des 2. Weltkriegs geschlossen und seither für neuere Dichtung nicht wieder geöffnet hat, dann mutet das zumindest im nachhinein etwas vorschnell an: die Lyrik der Moderne hat sich vitaler gezeigt, als vielfach angenommen wurde.

Die moderne Poesie mag sich in ihrer Spät-Phase befinden; doch solche Phasen können offenbar lange dauern, und in diesem Fall gibt es dafür auch einen einsehbaren Grund. Die Homogenität, die die Lyrik der Moderne in ihrer klassischen Zeit besaß, vor allem im Symbolismus, ist längt einer großen Komplexität, je Heterogenität gewichen. Die Herrschaft einer verbindlichen literarischen Norm oder Konvention ist nicht auszumachen; stattdessen zeichnet sich eine Pluralität, ja Diversität von Normen ab: Verfremdung und Realismus, metrische Freiheit und metrische Gebundenheit – unter dem Namen der Moderne ist das eine so gut möglich wie das andere. Der späten, der nachklassischen Moderne hat sich dadurch ein großer formaler und thematischer Spielraum eröffnet. Seit dem Aufkommen einer neuen realistischen Dichtung in den 20er Jahren ist die moderne Lyrik sogar in der Lage, nicht bloß Abweichungen von ihrer klassischen Norm, sondern selbst Gegenbewegungen gegen sie zu integrieren. Daran hat sich bis heute nichts geändert. Der Tradition der Moderne verpflichtete Lyriker wie Robert Lowell oder Hans Magnus Enzensberger haben immer wieder Anregungen der neuen realistischen Erlebnislyrik aufgenommen: Lowell vor allem in seinem »Notebook«, Enzensberger etwa seit seinem großen »Sommergedicht«. Ähnliches läßt sich bei Dichtern wie Peter Rühmkorf oder Reiner Kunze feststellen.

Durch die Heterogenität der modernen Lyrik hat sich jedoch auf der anderen Seite der Spielraum für wirklich radikale Neuerungen erheblich verengt. »Anything goes«: in der anarchistischen Aufhebung aller Verbindlichkeiten ist oft das Prinzip der prinzipienlosen Post-Moderne gesehen worden. Wenn das zutrifft, ist nicht schwer zu erklären, warum es jede post-moderne Lyrik so schwer hat: in der modernen Lyrik geht ohnehin schon fast alles. Deshalb können auch manche

Programme der Post-Moderne mit dem ironischen Hinweis quittiert werden, das habe es doch schon einmal gegeben – nur unter dem Namen der Moderne.

So stellt sich die Situation der modernen Lyrik selbst dreißig Jahre nach ihrem proklamierten Ende noch immer einigermaßen verwickelt und unübersichtlich dar. Die moderne Lyrik mag in ihrer Spät-Phase sein (einer verlängerten Spät-Phase); am Ende ist sie noch nicht. Auch wenn es Versuche gibt, über sie hinauszukommen – sie ist nicht überwunden. Insofern ist sie noch aktuell – und doch auch schon historisch. Oder anders herum: sie ist schon historisch – aber doch noch aktuell. Sie ist in die Jahre gekommen, aber nicht tot. Fürs erste, so scheint es, hat sie ihre Nachrufe überlebt. Das soll nicht heißen, daß auch die moderne Lyrik ein unabschließbares Projekt sei – nur, daß sie noch nicht abgeschlossen ist. Für wie lange, mag dahingestellt bleiben.

Anmerkungen

Vorwort

1 Hans Magnus Enzensberger (Hg.): Museum der modernen Poesie. Frankfurt a. M. 1980, Bd. 2, S. 765 (Nachwort).
2 Wallace Stevens: Der Planet auf dem Tisch. Gedichte und Adagia. Übertr. u. hg. von Kurt Heinrich Hansen. Hamburg 1961, S. 210.

I. Moderne Lyrik: Ein Überblick

1 Hugo Friedrich: Die Struktur der modernen Lyrik. Von der Mitte des 19. bis zur Mitte des 20. Jahrhunderts. Erw. Neuausgabe. Reinbek 1967, S. 10.
2 Hans Magnus Enzensberger (Hg.): Museum der modernen Poesie, Bd. 2, S. 765.
3 Ebd.
4 Hans Magnus Enzensberger: Politische Brosamen. Frankfurt a. M. 1982, S. 209.
5 Zum Begriff des lyrischen Gedichts vgl. Verf.: Das lyrische Gedicht. Definitionen zu Theorie und Geschichte der Gattung. Göttingen 1989, inbes. S. 19–97.
6 Zum Begriff der Moderne vgl. vor allem Hans Robert Jauß: Literarische Tradition und gegenwärtiges Bewußtsein der Moderne. In: Ders.: Literaturgeschichte als Provokation. Frankfurt a. M. [5]1974, S. 11–66, insbes. S. 11–23; Uwe Japp: Literatur und Modernität. Frankfurt a. M. 1986; ders.: Kontroverse Daten der Modernität. In: Albrecht Schöne (Hg.): Kontroversen, alte und neue. Akten des VII. Internationalen Germanisten-Kongresses Göttingen 1985. Tübingen 1986, Bd. 8, S. 125–134; außerdem Jürgen H. Petersen: ›Das Moderne‹ und ›die Moderne‹. Ebd., S. 135–142.
7 Vgl. dazu vor allem Michael Hamburger: Wahrheit und Poesie. Spannungen in der modernen Lyrik von Baudelaire bis zur Gegenwart. Übers. von Hermann Fischer. Frankfurt a. M./Berlin/Wien 1985 (erw. Neuausgabe; erste dt. Ausgabe unter dem Titel: Die Dialektik der modernen Lyrik).
8 Vgl. Hans Magnus Enzensberger (Hg.): Museum der modernen Poesie, Bd. 2, S. 772 u. 785.
9 Werner Strube: Sprachanalytisch-philosophische Typologie literaturwis-

senschaftlicher Begriffe. In: Christian Wagenknecht (Hg.): Zur Terminologie der Literaturwissenschaft. Akten des IX. Germanistischen Symposions der Deutschen Forschungsgemeinschaft Würzburg 1986. Stuttgart 1988, S. 34–49, hier S. 43.

10 Ludwig Wittgenstein: Schriften 1. Tractatus logico-philosophicus. Tagebücher 1914–1916. Philosophische Untersuchungen. Frankfurt a. M. [4]1980, S. 324/325 (Philosophische Unterschungen § 67).

11 Werner Strube: Sprachanalytisch-philosophische Typologie literaturwissenschaftlicher Begriffe, S. 44.

12 Hans Magnus Enzensberger (Hg.): Museum der modernen Poesie, Bd. 2, S. 773.

13 Ebd.

14 Ebd., S. 770.

15 Hans Egon Holthusen: Anmerkungen zu einem »Museum der modernen Poesie«. In: Merkur 15 (1961), Heft 165, S. 1073–1084, hier S. 1080.

16 Hans Magnus Enzensberger (Hg.): Museum der modernen Poesie, Bd. 2, S. 773.

17 Vgl. dazu bes. Josef Theisen: Die Dichtung des französischen Symbolismus. Darmstadt 1974; C. M. Bowra: Das Erbe des Symbolismus. Übers. von Ernst Sander. Hamburg 1947; Wolfgang Kayser: Der europäische Symbolismus. In: Ders.: Die Vortragsreise. Studien zur Literatur. Bern 1958, S. 287–304; Paul Hoffmann: Symbolismus. München 1987.

18 Vgl. dazu bes. Christa Baumgarth: Geschichte des Futurismus. Reinbek 1966, S. 80 ff.

19 Hans Magnus Enzensberger (Hg.): Museum der modernen Poesie, Bd. 2, S. 801.

20 Vgl. etwa Heribert Becker/ Edouard Jaguer/ Peter Král (Hg.): Das surrealistische Gedicht. Frankfurt a. M./Bochum 1985.

21 Vgl. Wolfgang Kubin (Hg.): Nachrichten von der Hauptstadt der Sonne. Moderne chinesische Lyrik 1919–1984. Frankfurt a. M. 1985.

22 Vgl. dazu vor allem Wolfgang Fietkau: Schwanengesang auf 1848. Ein Rendezvous am Louvre: Baudelaire, Marx, Proudhon und Victor Hugo. Reinbek 1978.

23 Vgl. dazu Edgar Lohner: Das Bild des Schwans in der neueren Lyrik. In: Egon Schwarz (Hg.): Festschrift für Bernhard Blume. Göttingen 1967, S. 297–322.

24 Vgl. dazu Horst Steinmetz: Weltliteratur. Umriß eines literaturgeschichtlichen Konzepts. In: arcadia 20 (1985), S. 2–19, inbes. S. 8.

25 T. S. Eliot: Baudelaire. In: Ders.: Essays 2: Literaturkritik. Hg. von Helmut Viebrock. Frankfurt a. M. 1988, S. 223–235, hier S. 230.

26 Ebd., S. 230/231.

27 Ebd., S. 226.

28 Michael Hamburger: Wahrheit und Poesie, S. 435.

II. Eine neue lyrische Sprache

1 Hugo Friedrich: Die Struktur der modernen Lyrik, S. 152.
2 Ebd., S. 150.
3 Ebd.
4 Vgl. dazu vor allem Hermann Helmers (Hg.): Verfremdung in der Literatur. Darmstadt 1984, inbes. die Beiträge von Viktor Šklovskij, Brecht, R. Grimm, Renate Lachmann und Aage A. Hansen-Löve; Wolf-Dieter Stempel (Hg.): Texte der russischen Formalisten. München 1972, Bd. 2, S. XVII ff.; Jan Knopf: Brecht-Handbuch Theater. Eine Ästhetik der Widersprüche. Stuttgart 1986, S. 378–402; ferner Clemens Heselhaus: Brechts Verfremdung der Lyrik. In: Wolfgang Iser (Hg.): Immanente Ästhetik – Ästhetische Reflexion. Lyrik als Paradigma der Moderne. Kolloquium Köln 1964. Vorlagen und Verhandlungen. München [2]1983, S. 307–326; schließlich Verf.: Das lyrische Gedicht, S. 119 ff.
5 Charles Baudelaire: Sämtliche Werke/Briefe. Hg. von Friedhelm Kemp und Claude Pichois in Zus.arb. mit Wolfgang Drost. Band 3: Les Fleurs du Mal. München [2]1989, S. 64/65.
6 Vgl. dazu Hans Robert Jauß: Zur Frage der »Struktureinheit« älterer und moderner Lyrik. In: Reinhold Grimm (Hg.): Zur Lyrik-Diskussion. Darmstadt 1966, S. 314-367, hier S. 360; ferner Paul Hoffmann: Symbolismus, S. 44 f.
7 Vgl. Hugo Friedrich: Die Struktur der modernen Lyrik, S. 15 ff.
8 Vgl. ebd., S. 43 ff.
9 Vgl. Paul Hoffmann: Symbolismus, S. 181 ff.
10 Vgl. dazu Wolfgang G. Müller: Der Weg vom Symbolismus zum deutschen und amerikanischen Dinggedicht des 20. Jahrhunderts. In: Neophilologus 58 (1974), S. 157–179.
11 Vgl. Paul Hoffmann: Symbolismus, S. 181 ff.
12 Vgl. Käte Hamburger: Rilke. Eine Einführung. Stuttgart 1976, S. 37.
13 Vgl. ebd., S. 21–43.
14 Rainer Maria Rilke: Werke in 6 Bänden. Frankfurt a. M. 1980, Bd. I/2, S. 275.
15 Rainer Maria Rilke: Werke, Bd. III/2, S. 347–452.
16 Vgl. Käte Hamburger: Rilke, S. 27.
17 Ebd., S. 37.
18 Vgl. Käte Hamburger: Die phänomenologische Struktur der Dichtung Rilkes. In: Dies. (Hg.): Rilke in neuer Sicht. Stuttgart/Berlin/Köln/Mainz 1971, S. 83–158, insbes. S. 85 ff.
19 Rainer Maria Rilke: Werke, Bd. I/2, S. 395.
20 Ebd., S. 449.
21 Robert Musil: Essays, Reden, Kritik. Neu durchges. u. verb. Ausg. 1978. Hg. von Adolf Frisé. Reinbek 1983, S. 1237.
22 Ebd., S. 1238/1239.

23 Zit. nach Gerhard Neumann: Die »absolute Metapher«. Ein Abgrenzungsversuch am Beispiel Stéphane Mallarmés und Paul Celans. In: Poetica 3 (1970), S. 188–225, hier S. 200.
24 Ezra Pound: Personae. Masken. Der ausgew. Werke erster Teil. Übers. von Eva Hesse. Zürich 1959, S. 172/173.
25 Jürgen Peper: Das imagistische »Ein-Bild-Gedicht«. Zwei Bildauffassungen. In: Germanisch-Romanische Monatsschrift, N.F. 22 (1972), S. 400–418, hier S. 402.
26 Zu dem Begriff vgl. Hendrik Birus/Anna Fuchs: Ein terminologisches Grundinventar für die Analyse von Metaphern. In: Christian Wagenknecht (Hg.): Zur Terminologie der Literaturwissenschaft, S. 157–174, insbes. S. 163 ff.
27 Jürgen Peper: Das imagistische »Ein-Bild-Gedicht«, S. 403.
28 Ezra Pound Lesebuch. Dichtung und Prosa. Hg. u. mit einem biogr. Essay von Eva Hesse. München 1987, S. 110.
29 Vgl. Harald Weinrich: Semantik der kühnen Metapher. In: Ders.: Sprache in Texten. Stuttgart 1976, S. 295–316.
30 Reiner Kunze: Auf eigene Hoffnung. Gedichte. Frankfurt a. M. 1981, S. 36.
31 Guiseppe Ungaretti: Gedichte. Italienisch und deutsch. Übertragung und Nachw. v. Ingeborg Bachmann. Frankfurt a. M. 1985 [[1]1963], S. 32/33.
32 Gustav Siebenmann/José Manuel López (Hg.): Spanische Lyrik des 20. Jahrhunderts. Spanisch und deutsch. Stuttgart 1985, S. 170/171.
33 Vgl. Hendrik Birus/Anna Fuchs: Ein terminologisches Grundinventar für die Analyse von Metaphern, S. 164 ff.
34 So Hans Blumenberg in Wolfgang Iser (Hg.): Immanente Ästhetik – Ästhetische Reflexion, S. 492.
35 So Hugo Friedrich in der ersten Fassung von: Die Struktur der modernen Lyrik ([8]1965), S. 152.
36 Vgl. die Position von Wolfgang Preisendanz in Wolfgang Iser (Hg.): Immanente Ästhetik – Ästhetische Reflexion, S. 448 ff.
37 Hugo Friedrich: Die Struktur der modernen Lyrik, S. 166.
38 Vgl. Gerhard Neumann: Die »absolute Metapher«, S. 194.
39 Zit. nach Jean-Louis Bédouin (Hg.): La Poésie Surrealiste. Paris 1964, S. 31; sowie Heribert Becker u. a. (Hg.): Das surrealistische Gedicht, S. 25/26.
40 Theodor W. Adorno: Ästhetische Theorie. Hg. von Gretel Adorno und Rolf Tiedemann. Frankfurt a. M. 1973, S. 232.
41 Peter Bürger: Theorie der Avantgarde. Frankfurt a. M. 1974, S. 110.
42 Wolfgang Iser: Image und Montage. Zur Bildkonzeption in der imagistischen Lyrik und in T. S. Eliots »Waste Land«. In: Ders. (Hg.): Immanente Ästhetik – Ästhetische Reflexion, S. 361–393, hier S. 393.
43 Ebd., S. 387.
44 Edgar Lohner: Passion und Intellekt. Die Lyrik Gottfried Benns. Mit einem Anhang. Frankfurt a. M. 1986, S. 144.

45 Ebd., S. 145.
46 Vgl. Harald Weinrich: Linguistische Bemerkungen zur modernen Lyrik. In: Ders.: Literatur für Leser. Essays und Aufsätze zur Literaturwissenschaft. Stuttgart/Berlin/Köln/Mainz, S. 109–123.
47 E. E. Cummings: Poems – Gedichte. Deutsch, mit einem Nachw. von Eva Hesse. Ebenhausen [2]1982, Nr. 30.
48 Vgl. dazu Max Nänny: Iconic Dimensions in Poetry. In: Richard Waswo (Hg.): On Poetry und Poetics. Tübingen 1985, S. 111–136, insbes. S. 133 ff.
49 Paul Celan. Gesammelte Werke in fünf Bänden. Hg. von Beda Allemann und Stefan Reichert unter Mitwirk. von Rudolf Bücher. Bd. 1, Frankfurt a. M. 1983, S. 237.
50 Peter Horst Neumann: Zur Lyrik Paul Celans. Eine Einführung. Göttingen [2]1990, S. 21.
51 Zit. nach: Lyrik des expressionistischen Jahrzehnts. Von den Wegbereitern bis zum Dada. Mit einem Nachw. von Gottfried Benn. Wiesbaden [5]1974, S. 286.
52 Hans Blumenberg: Sprachsituation und immanente Poetik. In: Wolfgang Iser (Hg.): Immanente Ästhetik – Ästhetische Reflexion, S. 145–164, hier S. 150. Vgl. dazu auch Verf.: Das lyrische Gedicht, S. 177 ff.
53 Zit. nach Emmett Williams (Hg.): An Anthology of Concrete Poetry. New York/Villefranche/Frankfurt a. M. 1967 (teilw. unpaginiert).
54 Vgl. Christian Morgenstern: Alle Galgenlieder. Galgenlieder, Palmström, Palma Kunkel, Gingganz. Berlin/Darmstadt/Wien 1966, S. 101.
55 Michael Hamburger: Wahrheit und Poesie, S. 241.
56 Bertolt Brecht: Versuche. Repr. Frankfurt a. M. 1977, S. 111.
57 Ebd., S. 116. Vgl. dazu auch Jürgen Jacobs: Wie die Wirklichkeit selber. Zu Brechts »Lesebuch für Städtebewohner«. In: Brecht-Jahrbuch 1974, S. 77–91.
58 Vgl. Peter Paul Schwarz: Lyrik und Zeitgeschichte. Brecht: Gedichte über das Exil und späte Lyrik. Heidelberg 1978.
59 Bertolt Brecht: Werke. Große kommentierte Berliner und Frankfurter Ausgabe. Bd. 12, Weimar/Berlin/Frankfurt a. M. 1988, S. 89.
60 Michael Hamburger: Wahrheit und Poesie, S. 325.
61 Goethe: Werke. Hamburger Ausgabe. Bd. 12, München [10]1982, S. 510.
62 Michael Hamburger: Wahrheit und Poesie, S. 254.
63 Hans Magnus Enzensberger: Nachwort. In: William Carlos Williams: Die Worte, die Worte, die Worte. Gedichte. Amerikanisch und deutsch. Übers. u. hg. von Hans Magnus Enzensberger. Frankfurt a. M. [2]1973, S. 174–204, hier S. 182.
64 William Carlos Williams: Die Worte, die Worte, die Worte, S. 94/95.
65 Zum Realismus Różewiczs vgl. v. a. Michael Hamburger: Wahrheit und Poesie, S. 323 ff.
66 Nicanor Parra: Und Chile ist eine Wüste. Poesie und Antipoesie. Hg. von Peter Schultze-Kraft. Mit einem Nachw. von Federico Schopf. Frankfurt a. M. 1986, S. 5.

67 Ebd., S. 85.
68 Ebd., S. 27.
69 Vgl. dazu Michael Hamburger: Zwischen den Sprachen. Essays und Gedichte. Frankfurt a. M. 1966, S. 150 ff. (Zur zeitgenössischen Lyrik). Ferner Ingrid Rückert: Philip Larkin und das ›Movement‹. In: Harald Wentzlaff-Eggebert (Hg.): Die Legitimation der Alltagssprache in der modernen Lyrik. Antworten aus Europa und Lateinamerika. Erlangen 1984, S. 65–84.
70 Vgl. dazu Verf.: Das lyrische Gedicht, S. 217 ff.
71 Vgl. dazu Gottfried Willems: Großstadt- und Bewußtseinspoesie. Über Realismus in der modernen Lyrik, insbesondere im lyrischen Spätwerk Gottfried Benns und in der deutschen Lyrik seit 1965. Tübingen 1981.
72 Vgl. Czesław Miłosz: Lied vom Weltende. Gedichte. Hg. u. übertr. von Karl Dedecius. Köln 1980, insbes. S. 71/72 (»Notiz«).
73 Zu Montale vgl. v. a. Hans Hinterhäuser: Italienische Lyrik im 20. Jahrhundert. Essays. München/Zürich 1990, S. 65–95.

III. Die Revolution der Mittel

1 Arno Holz: Das Werk. Mit Einführungen von Dr. Hans W. Fischer. 10 Bände, Berlin 1924/25, Bd. 10, S. 490.
2 Ebd., S. 488.
3 Vgl. dazu Verf.: Das lyrische Gedicht, S. 189–191.
4 W. Theodor Elwert: Französische Metrik. München 1978, S. 165.
5 Hugo Friedrich: Die Struktur der modernen Lyrik, S. 85.
6 Zit. nach ebd.
7 Zit. nach Peter Jones (Hg.): Imagist Poetry. Harmondsworth, Middlesex 1981 [[1]1972], S. 129. Zum Imagismus vgl. generell Nathan Zach: Imagism and Vorticism. In: Malcolm Bradbury/James McFarlane (Hg.): Modernism 1890–1930. London u. a. O. 1976, S. 228–242.
8 Zit. nach Peter Jones (Hg.): Imagist Poetry, S. 135.
9 Ebd., S. 138. Zum Free Verse vgl. v. a. Lothar Ern: Freivers und Metrik. Zur Problematik der englischen Verswissenschaft. Diss. Freiburg i.Br. 1968.
10 Arno Holz: Das Werk, Bd. 10, S. 537.
11 Vgl. ebd., S. 502 und 537.
12 Zit. nach ebd., S. 645.
13 Vgl. dazu ausführlicher Verf.: Das lyrische Gedicht, S. 182–192.
14 Zum spanischen *verso libre* vgl. Gustav Siebenmann: Die moderne Lyrik in Spanien. Ein Beitrag zur ihrer Stilgeschichte. Stuttgart/Berlin/Köln/Mainz 1965, S. 99 f.; zum italienischen *verso libero* vgl. Christa Baumgarth: Geschichte des Futurismus, S. 14 ff., sowie Peter Demetz: Worte in Freiheit. Der italienische Futurismus und die deutsche literarische Avantgarde

1912–1934. Mit einer ausf. Dokumentation. München/Zürich 1990, S. 42–62; zum freien Vers generell: Benjamin Hrushovski: On Free Rhythms in Modern Poetry. Preliminary Remarks toward a Critical Theory of Their Structures und Functions. In: Thomas A. Sebeok (Hg.): Style in Language. Cambridge, Mass. 1960, S. 173–190; sowie Clive Scott: The Prose Poem and Free Verse. In: Malcolm Bradbury/James McFarlane (Hg.): Modernism, S. 349–368.

15 Graham Hough: Free Verse. In: Graham Martin/P. N. Furbank (Hg.): 20th Century Poetry. Critical Essays and Documents. Stony Stratfort/ Milton Keynes 1975, S. 105–125, hier S. 107.

16 Christian Wagenknecht: Deutsche Metrik. Eine historische Einführung. München 1981, S. 101.

17 Ebd.

18 Ebd., S. 102.

19 Ebd.

20 Arno Holz: Das Werk, Bd. 10, S. 714.

21 Ezra Pound Lesebuch, S. 103/104.

22 Vgl. dazu Rolf Kloepfer: Vers libre – Freie Dichtung. Eine poetische Tradition jenseits von Metrik und linguistischer Poetik? In: Zeitschrift für Literaturwissenschaft und Linguistik 1 (1971), Heft 3, S. 81–106, insbes. S. 85.

23 Zit. nach Peter Jones (Hg.): Imagist Poetry, S. 121.

24 Ebd., S. 135. Zur Verwendung von Umgangssprache in der modernen Lyrik generell vgl. Harald Wentzlaff-Eggebert (Hg.): Die Legitimation der Alltagssprache in der modernen Lyrik.

25 Vgl. Graham Hough: Free Verse, S. 121.

26 Vgl. Verf.: Das lyrische Gedicht, S. 24f.

27 E. E. Cummings: Poems – Gedichte, Nr. 11.

28 Paul Celan: Gesammelte Werke, Bd. 2, S. 244.

29 Stefan George: Werke. Ausgabe in 4 Bänden. Bd. 2, München 1983, S. 310.

30 T. S. Eliot: Reflections on *vers libre.* In: Graham Martin/P. N. Furbank (Hg.): 20th Century Poetry, S. 98–103, hier S. 99.

31 Vgl. dazu Hans-Jost Frey: Verszerfall. In: Ders./Otto Lorenz: Kritik des freien Verses. Heidelberg 1980, S. 9–81.

32 Vgl. Verf.: Das lyrische Gedicht, S. 25ff.

33 Bertolt Brecht: Über Lyrik. Zusammenstellung u. Redaktion: Elisabeth Hauptmann und Rosemarie Hill. Frankfurt a. M. [3]1968, S. 82. Vgl. dazu Verf.: Zu den Anfängen von Brechts Lyrik in freien Versen. In: Wirkendes Wort 40 (1990), Heft 1, S. 67–73.

34 Hugo Friedrich: Die Struktur der modernen Lyrik, S. 40.

35 Ebd.

36 Arno Holz: Das Werk, Bd. 10, S. 660.

37 Robert Lowell: Notebook. New York [3]1970, S. 263.

38 Ebd.

39 Vgl. Arno Holz: Werke. Hg. von Wilhelm Emrich und Anita Holz, Bd. 5, Neuwied/Berlin 1962, S. 69/70.
40 Bertolt Brecht: Gesammelte Werke in 8 Bänden. Hg. vom Suhrkamp Verlag in Zus.arb. mit Elisabeth Hauptmann. Frankfurt a. M. 1967, Bd. 4, S. 744.
41 Ernst Jandl: Gesammelte Werke. Hg. von Klaus Siblewski. Darmstadt/Neuwied 1985, Bd. 2, S. 196.
42 Vgl. dazu Verf.: Probleme der Reimpoetik im 20. Jahrhundert. In: Wirkendes Wort 35 (1985), Heft 5, S. 283–293.
43 Zit. nach Peter Jones (Hg.): Imagist Poetry, S. 133.
44 Peter Rühmkorf: agar agar – zaurzaurim. Zur Naturgeschichte des Reims und der menschlichen Anklangsnerven. Reinbek 1976, S. 133.
45 Vgl. ebd., S. 115–157.
46 Peter Rühmkorf: Gesammelte Gedichte. Reinbek 1976, S. 133.
47 Peter Rühmkorf: agar agar, S. 109.
48 Ebd., S. 130.
49 Arno Holz: Das Werk, Bd. 10, S. 664.
50 Ebd., S. 666.
51 Vgl. Karl Kraus: Schriften. Hg. von Christian Wagenknecht, Bd. 7, Frankfurt a. M. 1987, S. 355.
52 Gottfried Benn: Sämtliche Werke. Stuttgarter Ausgabe in Verb. mit Ilse Benn hg. von Gerhard Schuster. Bd. 1, Stuttgart 1986, S. 11.
53 Stefan George: Werke, Bd. 2, S. 310.
54 Rainer Maria Rilke: Werke, Bd. I/2, S. 284/285.
55 Zit. nach Walter Höllerer (Hg.): Theorie der modernen Lyrik. Dokumente zur Poetik 1. Reinbek ^{3}1969, S. 302/303.
56 Ebd., S. 303.
57 Ebd., S. 304.
58 Eugenio Montale: Satura/Diario. Aus den späten Zyklen. Italienisch und Deutsch. Übertragungen u. Nachw. von Michael Marschall von Bieberstein. München/Zürich 1976, S. 70 u. 71.

IV. Eine Synthese der Künste

1 Zit. nach Walter Höllerer (Hg.): Theorie der modernen Lyrik, S. 163.
2 Vgl. Jeremy Adler/Ulrich Ernst: Text als Figur. Visuelle Poesie von der Antike bis zur Moderne. Wolfenbüttel/Wiesbaden 1980, S. 241 ff.
3 Vgl. Hans H. Hofstätter: Symbolismus und die Kunst der Jahrhundertwende. Voraussetzungen, Erscheinungsformen und Bedeutungen. Köln 1978.
4 Vgl. Peter Demetz: Worte in Freiheit, S. 13–21.
5 Vgl. Hans H. Hofstätter: Symbolismus, S. 67 ff.
6 Vgl. Peter Demetz: Worte in Freiheit, S. 42–62.
7 Vgl. Peter Bürger: Theorie der Avantgarde, S. 98 ff.

8 Arthur Rimbaud: Seher-Briefe. Lettre du voyant. Übers. u. hg. von Werner von Koppenfels. Mainz 1990, S. 25.
9 Rainer Maria Rilke: Briefe. Hg. vom Rilke-Archiv in Weimar. In Verb. mit Ruth Sieber-Rilke bes. durch Karl Altheim. Frankfurt a. M. 1980, S. 206.
10 Vgl. Franz Schmitt-von Mühlenfels: Zur Einwirkung des Kubismus auf die französische und angloamerikanische Literatur. In: arcadia 11 (1976), S. 238–255.
11 Winfried Engler: Paul Eluard: *Leurs yeux toujours purs*. In: Walter Pabst (Hg.): Die moderne französische Lyrik. Interpretationen. Berlin 1976, S. 161–168, hier S. 161. Vgl. dazu außerdem generell Wolfgang Raible: Moderne Lyrik in Frankreich. Darstellung und Interpretation. Stuttgart/Berlin/Köln/Mainz 1972, S. 50 ff.
12 Charles Baudelaire: Sämtliche Werke, Bd. 1, S. 387.
13 Wolfgang Drost: Kriterien der Kunstkritik Baudelaires. In: Alfred Noyer-Weidner (Hg.): Baudelaire. Darmstadt 1976, S. 410–442, hier S. 414.
14 Charles Baudelaire: Sämtliche Werke, Bd. 1, S. 130.
15 Vgl. dazu Günter Metken (Hg.): Eugéne Delacroix. Zürich/Frankfurt/Köln 1987.
16 Charles Baudelaire: Sämtliche Werke, Bd. 5, S. 154.
17 Ebd., Bd. 1, S. 212.
18 Ebd.
19 Ebd.
20 Ebd., Bd. 2, S. 252.
21 Ebd., Bd. 1, S. 211.
22 Ebd., Bd. 5, S. 159/160.
23 Ebd., S. 141.
24 Ebd., S. 321.
25 Ebd., S. 149.
26 Ebd., Bd. 4, S. 56/57.
27 Ebd., Bd. 1, S. 196.
28 Ebd.
29 Ebd., Bd. 3, S. 74 u. 75.
30 Ebd., Bd. 2, S. 251.
31 William Carlos Williams: Paterson. New York 1963, S. 264.
32 Zit. nach Hans Magnus Enzensberger (Hg.): Museum der modernen Poesie, Bd. 1, S. 112 u. 113.
33 Rafael Alberti: A la Pintura. Barcelona/Caracas/Mexico 1978, S. 17.
34 Vgl. Stéphane Mallarmé: Oeuvres Complets. Hg. von Henri Mondor und G. Jean-Aubry. Paris 1945, S. 455–477.
35 Jeremy Adler/Ulrich Ernst: Text als Figur, S. 233.
36 Vgl. dazu ebd., S. 257.
37 Zum Verhältnis von Visueller Poesie und moderner Lyrik vgl. Verf.: Das lyrische Gedicht, S. 31 ff.
38 Peter Horst Neumann: Zu Schuberts Goethe-Liedern. In: Franz Schubert:

Goethe-Lieder. Für eine Singstimme mit Klavierbegleitung. Frankfurt a. M. [5]1987, S. 69–81, hier S. 73.

39 Peter Horst Neumann: Anmerkungen zum gestörten Verhältnis von zeitgenössischer Poesie und Musik. In: Carl Dahlhaus/Norbert Miller (Hg.): Beziehungszauber. Musik in der modernen Dichtung. München 1988, S. 9–18, hier S. 11.

40 Ebd., S. 17.

41 Vgl. Peter Jones (Hg.): Imagist Poetry, S. 137.

42 Vgl. R. Murray Schafer (Hg.): Ezra Pound and Music. The Complete Criticism. London 1978, insbes. S. 3ff. (Introduction).

43 Vgl. etwa Calvin S. Brown: The Musical Analogies in Mallarmé's »Un Coup de Dés«. In: Comparative Literature Studies 4 (1967), S. 67–79.

44 Vgl. Peter Horst Neumann: Anmerkungen zum gestörten Verhältnis von zeitgenössischer Poesie und Musik, S. 17.

45 Vgl. Constantin Flores: Probleme der Amalgamierung von Dichtung und Musik des 20. Jahrhunderts. In: Otto Kolleritsch (Hg.): Zum Verhältnis von zeitgenössischer Musik und zeitgenössischer Dichtung. Wien/Graz 1988, S. 35–50.

46 Stéphane Mallarmé: Oeuvres complets, S. 649.

47 Vgl. Pierre Boulez: Werkstatt-Texte. Übers. von Josef Häusler. Frankfurt a. M./Berlin 1972, S. 17 oder 135.

48 Vgl. R. Murray Schafer: Der absolute Rhythmus. In: Eva Hesse (Hg.): Ezra Pound. 22 Versuche über einen Dichter. Frankfurt a. M./Bonn 1967, S. 72–86.

49 Bertolt Brecht: Über Lyrik, S. 82 und 86.

50 Ingeborg Bachmann: Werke. Hg. von Christine Koschel u. a. Bd. 4, München/Zürich 1978, S. 60.

51 Ebd., S. 60/61.

52 Ebd., Bd. 1, S. 123/124.

53 Ebd., Bd. 4, S. 62.

54 Ebd., S. 60.

55 Hans Werner Henze: Musik und Politik. Schriften und Gespräche 1955–1984. Mit einem Vorw. von Jens Brockmeier. München 1976, S. 102.

56 Ebd., S. 101.

57 Vgl. Norbert Miller: Prosperos Insel. W. H. Auden und die Musik. In: Carl Dahlhaus/Norbert Miller (Hg.): Beziehungszauber, S. 105–128.

58 Vgl. dazu vor allem Horst Rogmann: García Lorca. Darmstadt 1981, S. 12ff.; ferner Gustav Siebenmann: Die moderne Lyrik in Spanien, S. 185–194.

59 Zit. nach Jan Knopf: Brecht-Handbuch. Lyrik, Prosa, Schriften. Stuttgart 1986, S. 41.

60 Ernst Bloch: Literarische Aufsätze (Gesamtausgabe Bd. 9). Frankfurt a. M. 1965, S. 393.

61 Ebd., S. 394.

62 Vgl. Peter Rühmkorf/Michael Naura/Wolfgang Schlüter: Phönix voran! Buch u. Kassette. Reinbek 1987.
63 Rainer Maria Rilke: Werke, Bd. II/1, S. 83/84.
64 Vgl. Hermann Meyer: Rilkes Cézanne-Erlebnis. In: Ders.: Zarte Empirie. Aufsätze zur Literaturgeschichte. Stuttgart 1968, S. 244–286.
65 Vgl. Ders.: Die Verwandlung des Sichtbaren. Die Bedeutung der modernen bildenden Kunst für Rilkes späte Dichtung. In: Ders.: Zarte Empirie, S. 287–336, insbes. S. 312ff.
66 Vgl. ebd., S. 304ff.
67 Rainer Maria Rilke: Werke, Bd. II/1, S. 111.
68 Vgl. Edgar Lohner: Passion und Intellekt, S. 234–252.
69 T. S. Eliot: The Music of Poetry. In: Steven Paul Scher (Hg.): Literatur und Musik. Ein Handbuch zur Theorie und Praxis eines komparatistischen Grenzgebietes. Berlin 1984, S. 142–154, hier S. 153.
70 Ebd.
71 Ebd.
72 T. S. Eliot: Gesammelte Gedichte. 1909–1962. Hg. u. mit einem Nachw. von Eva Hesse. Frankfurt a. M. 1988, S. 288.
73 Vgl. Helen Gardner: The Music of »Four Quartets«. In: Bernard Bergonzi (Hg.): T. S. Eliot: »Four Quartets«. A Casebook. Houndsmill/Basingstoke/Hampshire 1987, S. 119–137, insbes. S. 134f.
74 T. S. Eliot: Gesammelte Gedichte, S. 286.
75 Ebd.
76 Zit. nach Jeremy Adler/Ulrich Ernst: Text als Figur, S. 265.
77 Ebd.
78 Zit. nach ebd.
79 Vgl. Christa Baumgarth: Geschichte des Futurismus, S. 148f.
80 Zit. nach Jeremy Adler/Ulrich Ernst: Text als Figur, S. 265.

V. Die Idee der Humanität

1 Gottfried Benn: Sämtliche Werke. Bd. 2, S. 185.
2 Vgl. dazu Bruno Hillebrand: Gottfried Benn und Friedrich Nietzsche. In: Ders. (Hg.): Nietzsche und die deutsche Literatur. München/Tübingen 1978, Bd. 2, S. 185–210.
3 Vgl. Hugo Friedrich: Die Struktur der modernen Lyrik, S. 122f.
4 Theodor W. Adorno: Ästhetische Theorie, S. 10.
5 Vgl. ebd., S. 9f.
6 Theodor W. Adorno: Noten zur Literatur. Hg. von Rolf Tiedemann. Frankfurt a. M. 1981, S. 53.
7 Theodor W. Adorno: Ästhetische Theorie, S. 9.
8 Vgl. Hans Magnus Enzensberger (Hg.): Museum der modernen Poesie, Bd. 2, S. 779. Ferner Michael Hamburger: Wahrheit und Poesie, S. 322f.

9 Vgl. vor allem Maurice Nadeau: Die surrealistische Politik. In: Manfred Hardt (Hg.): Literarische Avantgarde. Darmstadt 1989, S. 175–193; sowie Robert S. Short: Die Politik der surrealistischen Bewegung 1920–1936. In: Peter Bürger (Hg.): Surrealismus. Darmstadt 1982, S. 341–369.

10 Arthur Rimbaud: Seher-Briefe, S. 110.

11 Ebd., S. 10/11.

12 Vgl. dazu die so betitelte, allerdings eher textferne Untersuchung von Walter Benjamin: Gesammelte Schriften. Unter Mitwirkung von Theodor W. Adorno und Gersholm Scholem hg. von Rolf Tiedemann und Hermann Schweppenhäuser. Bd. I,2, Frankfurt a. M. 1980, S. 509 ff.

13 Charles Baudelaire: Sämtliche Werke, Bd. 3, S. 226–231.

14 Ebd., S. 228 und 229.

15 Vgl. dazu vor allem Oskar Sahlberg: Der Neubeginn der historisch-materialistischen Erforschung Baudelaires. Zu den Cygne Interpretationen [sic!] von Dolf Oehler und Karlheinrich Biermann. In: Lendemains 10 (1978), S. 125–135. Vgl. auch die Beiträge von Oehler, Stenzel und Biermann in: Hartmut Engelhardt/Dieter Mettler (Hg.): Baudelaires »Blumen des Bösen«. Frankfurt a. M. 1988.

16 Hans Robert Jauß: Zur Frage der ›Struktureinheit‹ älterer und moderner Lyrik. In: Reinhold Grimm (Hg.): Zur Lyrik-Diskussion. Darmstadt 1966, S. 314–367, hier S. 357.

17 Vgl. Peter Szondi: Eden. In: Ders.: Celan-Studien. Frankfurt a. M. 1972, S. 113–125.

18 Theodor W. Adorno: Ästhetische Theorie, S. 376.

19 Ebd., S. 377.

20 Vgl. Albrecht Schöne: Über politische Lyrik im 20. Jahrhundert. Mit einem Textanhang. Göttingen [2]1969; ferner Christoph Eykman: Nationalsozialistische Lyrik als Beispiel affirmativer Literatur; und Eberhard Frey: Stiltendenzen der Lyrik des Dritten Reiches. In: Wolfgang Elfe/James Hardin/Günther Holst (Hg.): Deutsche Exilliteratur – Literatur im Dritten Reich. Akten des 2. Exilliteratur-Symposions der University of South Carolina. Bern/Frankfurt a. M./Las Vegas 1979, S. 170–183 und 158–169.

21 Manfred Durzak: Autonomes Gedicht und politische Verkündigung im Spätwerk Georges. In: Walter Müller-Seidel (Hg.): Historizität in Sprach- und Literaturwissenschaft. Vorträge und Berichte der Stuttgarter Germanistentagung 1972. München 1974, S. 313–323, hier S. 320.

22 Stefan George: Werke, Bd. 2, S. 196.

23 Ebd., S. 198.

24 Ludwig Marcuse: Wie alt kann Aktuelles sein? Literarische Porträts und Kritiken. Hg. von Dieter Lamping. Zürich 1989, S. 95.

25 Vgl. Ludwig Greve u. a. (Hg.): Gottfried Benn 1886–1956. Eine Ausstellung des Deutschen Literaturarchivs im Schiller-Nationalmuseum Marbach am Neckar. Marbach [2]1986, S. 222.

26 Michael Hamburger: Wahrheit und Poesie, S. 113.

27 Vgl. v. a. Manfred Hardt: Futurismus und Faschismus. Vorarbeiten für

eine ideologiekritische Studie ihrer Wechselbeziehungen. In: Ders. (Hg.): Literarische Avantgarde, S. 251–269.

28 Alfred Kurella: »Nun ist dieses Erbe zuende ...« In: Bruno Hillebrand (Hg.): Über Gottfried Benn. Kritische Stimmen 1912–1956. Frankfurt a. M. 1987, S. 152–162, hier S. 153; zur sog. Expressionismusdebatte vgl. insbes. Hans-Jürgen Schmitt (Hg.): Die Expressionismusdebatte. Materialien zu einer marxistischen Realismuskonzeption. Frankfurt a. M. 1973.

29 Vgl. etwa Judith Ryan: Ezra Pound und Gottfried Benn. Avantgarde, Faschismus und ästhetische Autonomie. In: Reinhold Grimm/Jost Hermand (Hg.): Faschismus und Avantgarde. Königstein 1980, S. 20–34, hier S. 22.

30 Vgl. John Lauber: Pound's *Cantos:* A Faschist Epic. In: Journal of American Studies 12 (1978), Heft 1, S. 3–21. Zu den »Cantos« vgl. außerdem Franz Link: Ezra Pound. Eine Einführung. München/Zürich 1984, S. 72ff.

31 Vgl. etwa Judith Ryan: Ezra Pound und Gottfried Benn, S. 22.

32 Vgl. etwa Efim Etkind: Russische Lyrik von der Oktoberrevolution bis zur Gegenwart. Versuch einer Darstellung. München 1984, S. 12–19 u. 44–52.

33 Hans Magnus Enzensberger: Einzelheiten II: Poesie und Politik. Frankfurt a. M. ^{2}1970, S. 76.

34 Ebd., S. 78.

35 Ebd., S. 79. Vgl. dazu auch Karl Heinz Bohrer: Die gefährdete Phantasie, oder Surrealismus und Terror. München 1970.

36 Theodor W. Adorno: Ästhetische Theorie, S. 56.

37 Ebd.

38 Vgl. ebd., S. 230ff. Vgl. auch Peter Bürger: Theorie der Avantgarde, S. 98ff. – Zu den ästhetischen Problemen der Avantgarde im 20. Jahrhundert vgl. v. a. Rainer Warning/Winfried Wehle (Hg.): Lyrik und Malerei der Avantgarde. München 1982.

39 Hans Egon Holthusen: Hans Magnus Enzensberger. In: Klaus Weissenberger (Hg.): Die deutsche Lyrik 1945–1975. Zwischen Botschaft und Spiel. Düsseldorf 1981, S. 331–343, hier S. 334.

40 Hans Magnus Enzensberger: Mausoleum. 37 Balladen aus der Geschichte des Fortschritts. Frankfurt a. M. 1975, S. 117.

41 Hans Egon Holthusen: Hans Magnus Enzensberger, S. 332.

42 Peter Rühmkorf: Haltbar bis Ende 1999. Gedichte. Reinbek 1979, S. 36.

43 Peter Rühmkorf: Gesammelte Gedichte, S. 18.

44 Ebd., S. 130.

45 Vgl. dazu Verf.: Gedichte nach Auschwitz, über Auschwitz. In: Gerhard R. Kaiser (Hg.): Poesie der Apokalypse. Würzburg 1991.

46 Peter Horst Neumann: Zur Lyrik Paul Celans, S. 96.

47 Reinhard Baumgart: Literatur für Zeitgenossen. Essays. Frankfurt a. M. 1966, S. 33.

48 Paul Celan: Gesammelte Werke, Bd. 1, S. 227.

49 Vgl. Theodor W. Adorno: Ästhetische Theorie, S. 475–477.

VI. Post-Moderne Lyrik: ein Ausblick

1 Hans Magnus Enzensberger (Hg.): Museum der modernen Poesie, Bd. 2, S. 765.

2 Zur Diskussion um die Post-Moderne vgl. v. a. Jean-Francois Lyotard: La condition postmoderne. Rapport sur le savoir. Paris 1979; Jean Baudrillard u. a.: Der Tod der Moderne. Eine Diskussion. Tübingen 1983; die Beiträge von Peter Bürger (Das Altern der Moderne) und Hans Robert Jauß (Der literarische Prozeß des Modernismus von Rousseau bis Adorno) in Ludwig v. Friedeburg/Jürgen Habermas (Hg.): Adorno-Konferenz. Frankfurt a. M. 1983; sowie Peter Koslowski u. a. (Hg.): Moderne und Postmoderne. Zur Signatur des gegenwärtigen Zeitalters. Weinheim 1986.

3 Hans Magnus Enzensberger (Hg.): Museum der modernen Poesie, Bd. 2, S. 786.

4 Ebd.

5 Reinhard Baumgart: Die verdrängte Phantasie. 20 Essays über Kunst und Gesellschaft. Darmstadt/Neuwied 1973, S. 130ff.

6 Ebd., S. 139.

7 Vgl. Herbert Marcuse: Versuch über die Befreiung. Frankfurt a. M. 1969, insbes. S. 43ff. Zur Lyrik der Neuen Sensibilität vgl. v. a. Harald Hartung: Deutsche Lyrik seit 1965. Tendenzen, Beispiele, Porträts. München/Zürich 1985, S. 17–47 und 48–65. Ferner Verf.: Das lyrische Gedicht, S. 54ff. Dort auch weitere Literaturangaben.

8 Rolf Dieter Brinkmann: Westwärts 1&2. Gedichte. Mit Fotos des Autors. Reinbek 1975, S. 25.

9 Odo Marquard: Nach der Postmoderne. Bemerkungen über die Futurisierung des Anitmodernismus und die Usance Modernität. In: Peter Koslowski u. a. (Hg.): Moderne und Postmoderne, S. 45–54, hier S. 45.

Bibliographische Hinweise

Über moderne Lyrik ist viel geschrieben worden. Doch die Zahl der Bücher, die für einen – noch – nicht spezialisierten Leser unentbehrlich sind, ist überschaubar. An erster Stelle sind eine Anthologie und zwei Überblicksdarstellungen zu nennen. Die Anthologie ist Hans Magnus Enzensbergers *Museum der modernen Poesie,* eine in ihrer Art konkurrenzlose Sammlung moderner Gedichte der klassischen Moderne zwischen 1910 und 1945 aus insgesamt 16 Sprachen, jeweils im Original und in einer deutschen Übersetzung. Wenn man in diesem Buch blättert, kann man nur bedauern, daß es eine vergleichbare Anthologie nicht für die Zeit vor 1910 nicht gibt. Sie wird neuerdings fortgesetzt durch die Sammlung von Harald Hartung (Hg.): *Luftfracht.* Internationale Poesie 1940–1990. Frankfurt a. M. 1991.

Die beiden Überblicksdarstellungen sind Hugo Friedrichs *Die Struktur der modernen Lyrik* und Michael Hamburgers *The Truth of Poetry* (deutsch jetzt: *Wahrheit und Poesie),* die am besten neben- oder nacheinander zu lesen sind: was bei Friedrich ausgespart ist, versucht Hamburger nachzutragen, allerdings stets unter seinen eigenen Gesichtspunkten.

Neben diesen beiden Büchern gibt es noch eine Reihe von weniger breit angelegten Darstellungen, die nützlich sind. Für die französische Literatur empfiehlt sich: Wolfgang Raible: *Moderne Lyrik in Frankreich.* Darstellung und Interpretation. Stuttgart/Berlin/Köln/Mainz 1972; sowie Walter Pabst (Hg.): *Die moderne französische Lyrik.* Interpretationen. Berlin 1976.

Für die spanische Literatur: Gustav Siebenmann: *Die moderne Lyrik in Spanien.* Ein Beitrag zur ihrer Stilgeschichte. Stuttgart/Berlin/Köln/Mainz 1965; sowie Manfred Tietz (Hg.): *Die spanische Lyrik der Moderne.* Einzelinterpretationen. Frankfurt a. M. 1990.

Für die italienische Literatur: Hans Hinterhäuser: *Italienische Lyrik im 20. Jahrhundert.* Essays. München/Zürich 1990.

Für die deutsche Literatur: Clemens Heselhaus: *Deutsche Lyrik der*

Moderne von Nietzsche bis Yvan Goll. Die Rückkehr zur Bildlichkeit der Sprache. Düsseldorf ²1962; sowie William H. Rey: *Poesie der Antipoesie.* Moderne deutsche Lyrik. Genesis, Theorie, Struktur. Heidelberg 1978; ferner Harald Hartung: *Deutsche Lyrik seit 1965.* Tendenzen, Beispiele, Porträts. München/Zürich 1985.

Für die englische Literatur empfiehlt sich zum einen die Einleitung von Willi Erzgräber in ders. in Zusammenarbeit mit Ute Knoedgen (Hg.): *Moderne englische Lyrik.* Stuttgart 1976; sowie der knappe Epochenüberblick von Rudolf Haas: *Die moderne englische Lyrik.* In: Karl Heinz Göller (Hg.): Epochen der englischen Lyrik. Düsseldorf 1970, S. 209–235.

Die zumindest handlichste Darstellung der modernen amerikanischen Lyrik ist wohl noch immer die von Ihab Hassan: *Die moderne amerikanische Literatur.* Mit einem Nachwort von Brigitte Scheer-Schätzler. Stuttgart 1974, S. 119–177.

Für die russische Literatur empfiehlt sich Efim Etkind: *Russische Lyrik von der Oktoberrevolution bis zur Gegenwart.* Versuch einer Darstellung. München 1984.

In manchem unentbehrlich sind weiter die beiden wichtigsten Sammelbände zu Problemen der modernen Lyrik: Reinhold Grimm (Hg.): *Zur Lyrik-Diskussion.* Darmstadt 1966, erw. Ausg. 1974; und Wolfgang Iser (Hg.): *Immanente Ästhetik – Ästhetische Reflexion.* Lyrik als Paradigma der Moderne. München ²1983.

Als Sammlung poetologischer Äußerungen moderner Lyriker gleichfalls noch immer unentbehrlich ist die von Walter Höllerer herausgegebene Anthologie *Theorie der modernen Lyrik.* Dokumente zur Poetik 1. Reinbek ³1969.

Viele theoretische Voraussetzungen dieser Arbeit sind expliziert in Dieter Lamping: *Das lyrische Gedicht.* Definitionen zu Theorie und Geschichte der Gattung. Göttingen 1989. Dort findet sich auch der Versuch einer Skizze der modernen deutschen Lyrik in ihren wichtigsten Phasen.

Personenregister